Digital Detox für Berufstätige In 30 Tagen zu mehr Fokus, Produktivität und Balance im Alltag

„Wie Sie digitale Ablenkungen überwinden und wieder Kontrolle über Ihre Zeit gewinnen"

Autor:

Julian Ziegler

Digital Detox für Berufstätige In 30 Tagen zu mehr Fokus, Produktivität und Balance im Alltag

Ein Buch veröffentlicht von MaRindu GmbH

Urheberrecht © 2024 MaRindu GmbH

Alle Rechte vorbehalten. Kein Teil dieser Veröffentlichung darf ohne vorherige Genehmigung des Verlags reproduziert, in einem Abrufsystem gespeichert oder auf irgendeine Weise über elektronische, mechanische, fotokopierende, aufzeichnende oder andere Mittel übertragen werden.

Obwohl die Ratschläge und Informationen in diesem Buch zum Zeitpunkt der Veröffentlichung als wahr und korrekt angesehen werden, können weder die Autoren noch die Herausgeber noch der Verleger eine rechtliche Verantwortung für eventuelle Fehler oder Auslassungen übernehmen. Der Herausgeber übernimmt keine Garantie, weder ausdrücklich noch stillschweigend, in Bezug auf das hier enthaltene Material.

Veröffentlicht von der MaRindu GmbH

www.marindu.com
E-Mail: schnieder@marindu.de

Autorenname: Julian Ziegler

Inhalt

1: Die Auswirkungen von Bildschirmzeit und digitaler Überlastung 5

Die digitale Überforderung im Alltag 5

Negative Auswirkungen auf Körper und Geist 9

Wie erkennen Sie digitale Abhängigkeit? 13

2: Vorteile eines Digital Detox – Fokus, Produktivität, Balance 18

Was ist Digital Detox überhaupt? 18

Warum Digital Detox besonders für Berufstätige wichtig ist 22

Vorteile im Privatleben 27

3: Dein 30-Tage-Plan – Woche für Woche Strategien und Übungen 34

Woche 1: Bewusstsein schaffen und Grundlagen legen 34

Digitale "Stressauslöser" identifizieren 39

Erste kleine Veränderungen vornehmen 45

Woche 2: Digitale Grenzen setzen 50

Arbeitszeit und Freizeit trennen 50

Handyfreie Zonen einrichten 56

Der digitale Feierabend 62

Woche 3: Fokus und Produktivität steigern . 68

Apps, die dich produktiver machen 74

Analoge Alternativen entdecken 80

Woche 4: Nachhaltige Gewohnheiten entwickeln 86

Digitale Pausen einplanen 86

Regelmäßiger Digital Detox im Alltag 92

Langfristige Ziele definieren 97

Vorlage: Individueller Digital Detox-Plan 103

4: Langfristige Umsetzung – Digitale Gewohnheiten verändern 106

Warum Rückfälle normal sind 106

Tipps zur Verankerung neuer Gewohnheiten .. 111

Digitale Tools sinnvoll nutzen 116

5: Zusammenfassung und praktische Tipps
.... 122

Die wichtigsten Learnings auf einen Blick 122

Dein persönlicher Erfolg: Was kommt als Nächstes? 127

1: Die Auswirkungen von Bildschirmzeit und digitaler Überlastung

Die digitale Überforderung im Alltag

Es begann mit einer Vision von Fortschritt und Bequemlichkeit: Der technologische Wandel sollte unser Leben einfacher und unsere Arbeitsprozesse effizienter machen. Heute, mehrere Jahrzehnte nach der Verbreitung von Computern, Smartphones und dem Internet, stellen wir fest, dass der ständige Zugang zu digitalen Geräten nicht nur Vorteile, sondern auch Herausforderungen mit sich bringt – insbesondere für Berufstätige.

Die Art und Weise, wie wir arbeiten, kommunizieren und unsere Zeit strukturieren, hat sich grundlegend verändert. Digitale Geräte ermöglichen es uns, jederzeit auf Informationen zuzugreifen, Kollegen zu erreichen und Aufgaben zu erledigen. Doch genau diese „Rund-um-die-Uhr"-Verfügbarkeit hat die Grenze zwischen Arbeit und Freizeit fast vollständig aufgelöst.

Eines der auffälligsten Merkmale des digitalen Zeitalters ist die Erwartung ständiger Erreichbarkeit. E-Mails, Instant Messaging-Apps wie Slack oder Microsoft Teams und berufliche Plattformen wie LinkedIn haben die Kommunikation in Echtzeit zur Norm gemacht. Während dies den Austausch beschleunigt, hat es auch den Druck auf Berufstätige erhöht, jederzeit reagieren zu können.

Die durchschnittliche Reaktionszeit auf eine E-Mail beträgt heutzutage weniger als zwei Stunden – ein Wert, der zeigt, wie sehr wir uns daran gewöhnt haben, immer „online" zu sein. Dies führt jedoch häufig zu sogenannten „Kontextwechselkosten": Jedes Mal, wenn wir eine neue Nachricht lesen oder beantworten, unterbrechen wir unsere derzeitige Aufgabe. Studien haben gezeigt, dass es durchschnittlich 23 Minuten dauert, um nach einer Unterbrechung die volle Konzentration auf eine Aufgabe zurückzugewinnen.

Eine weitere Auswirkung des ständigen Zugangs zu digitalen Geräten ist das Phänomen des Multitaskings. Viele Berufstätige jonglieren gleichzeitig E-Mails, Videokonferenzen und andere Aufgaben in der Überzeugung, so effizienter zu arbeiten. In Wirklichkeit zeigt die Forschung, dass Multitasking die Produktivität drastisch reduziert und die Fehlerquote erhöht.

Das Gehirn ist nicht darauf ausgelegt, mehrere komplexe Aufgaben gleichzeitig zu bearbeiten. Stattdessen wechselt es schnell zwischen verschiedenen Tätigkeiten hin und her – ein Prozess, der als „Task-Switching" bezeichnet wird. Dieser ständige Wechsel ist nicht nur anstrengend, sondern führt auch zu einer geringeren Qualität der Arbeit.

Ein weiteres Problem ist die schiere Menge an Informationen, die uns jeden Tag erreichen. Berufstätige erhalten im Durchschnitt 121 E-Mails pro Tag und verbringen etwa 28 % ihrer Arbeitszeit damit, diese zu lesen und zu beantworten. Hinzu kommen Nachrichten in Team-Apps, berufliche Nachrichtenartikel und Updates in sozialen Netzwerken.

Dieses Übermaß an Informationen führt häufig zu einem Phänomen namens „Information Overload". Unser Gehirn wird mit mehr Daten bombardiert, als es verarbeiten kann, was dazu führt, dass wir uns überfordert fühlen. Die Konsequenz ist oft eine Entscheidungsblockade oder ein Rückgriff auf einfache, aber möglicherweise nicht optimale Lösungen.

Die Bildschirmzeit von Berufstätigen ist in den letzten Jahren dramatisch gestiegen. Laut einer aktuellen Studie des Digitalverbandes Bitkom verbringen deutsche Berufstätige durchschnittlich 8 bis 10 Stunden pro Tag vor einem Bildschirm – sei es ein Computer, Tablet oder Smartphone. Das entspricht fast der gesamten Arbeitszeit eines typischen Büroangestellten.

90 % der Berufstätigen in Deutschland nutzen regelmäßig digitale Geräte bei der Arbeit.

70 % der Arbeitnehmer geben an, dass sie ihre beruflichen E-Mails auch außerhalb der Arbeitszeit auf ihrem Smartphone abrufen.

Im Jahr 2022 betrug die durchschnittliche Zeit, die Menschen weltweit mit ihrem Smartphone verbringen, etwa 4,8 Stunden pro Tag.

Der exzessive Gebrauch digitaler Geräte bleibt nicht ohne Folgen für die Gesundheit. Einige der häufigsten Probleme sind:

Mentale Erschöpfung und Stress:

Die ständige Erreichbarkeit und der Druck, jederzeit verfügbar zu sein, erhöhen die Stressbelastung. Untersuchungen zeigen, dass Arbeitnehmer, die keine klaren Grenzen zwischen Arbeit und Freizeit ziehen, ein höheres Risiko für Burnout haben.

Schlafprobleme:

Die Nutzung von Smartphones oder Laptops vor dem Schlafengehen stört den natürlichen Schlaf-Wach-Rhythmus. Das blaue Licht der Bildschirme hemmt die Produktion von Melatonin, einem Hormon, das für einen gesunden Schlaf entscheidend ist.

Physische Beschwerden:

Bildschirmarbeit führt häufig zu sogenannten „Tech-Neck"-Problemen – Verspannungen im Nacken- und Schulterbereich. Hinzu kommen Beschwerden wie trockene Augen und Kopfschmerzen.

Angesichts dieser Herausforderungen stellt sich die Frage, wie wir die digitale Überforderung in den Griff bekommen können. Hier sind einige erste Ansätze:

Digitalen Minimalismus praktizieren:

Reduzieren Sie die Anzahl der genutzten Apps und Geräte auf das Wesentliche. Überlegen Sie, welche digitalen Tools wirklich produktiv sind, und verabschieden Sie sich von überflüssigen Anwendungen.

Arbeitszeiten klar definieren:

Berufstätige sollten versuchen, feste „Offline-Zeiten" einzuführen, in denen sie weder E-Mails noch Nachrichten beantworten.

Bewusst offline gehen:

Etablieren Sie No-Phone-Zonen in Ihrem Alltag, z. B. beim Essen, im Schlafzimmer oder während Gesprächen mit Freunden und Familie.

Den Fokus trainieren:

Methoden wie die Pomodoro-Technik oder Fokus-Apps können helfen, sich auf eine Aufgabe zu konzentrieren, ohne ständig zwischen verschiedenen Anwendungen zu wechseln.

Die digitale Überforderung mag ein Problem unserer Zeit sein, doch sie ist nicht unüberwindbar. Ein Digital Detox kann helfen, sich wieder auf das Wesentliche zu konzentrieren, die eigene Produktivität zu steigern und die Lebensqualität zu verbessern. Die folgenden Kapitel werden genau zeigen, wie man einen solchen Detox erfolgreich umsetzt – Schritt für Schritt, angepasst an die Anforderungen des modernen Arbeitslebens.

Negative Auswirkungen auf Körper und Geist

Die permanente Nutzung digitaler Geräte und die ständige Erreichbarkeit gehören für viele Berufstätige zum Alltag. Was zunächst als praktisches Werkzeug zur Optimierung von Arbeitsprozessen und Kommunikation begann, hat sich zu einer Belastung entwickelt, die Körper und Geist gleichermaßen betrifft. Die negativen Auswirkungen reichen von Stress und Burnout über Schlafprobleme bis hin zu Konzentrationsverlust und abnehmender Produktivität.

Die ständige Erreichbarkeit ist eines der prägnantesten Probleme des digitalen Zeitalters. Berufstätige stehen heute unter einem permanenten Druck, E-Mails, Nachrichten und berufliche Anfragen schnell zu beantworten – oft auch außerhalb der regulären Arbeitszeit.

Warum macht uns ständige Erreichbarkeit krank?

Die menschliche Psyche braucht regelmäßige Pausen, um sich von den Anforderungen des Tages zu erholen. Doch die ständige Präsenz von Smartphones und Laptops verhindert oft, dass wir wirklich abschalten. Selbst nach Feierabend bleiben viele Menschen in einem „Bereitschaftsmodus", da sie jederzeit mit einer neuen Aufgabe oder Nachricht rechnen.

Ein solcher Dauerstress aktiviert das sympathische Nervensystem und setzt Stresshormone wie Cortisol frei. Während dies in kurzfristigen Belastungssituationen hilfreich ist, führt eine chronische Überlastung zu gesundheitlichen Problemen:

- **Erhöhte Anfälligkeit für Burnout:** Studien zeigen, dass Menschen, die immer erreichbar sind, ein höheres Risiko haben, emotional und körperlich auszubrennen.
- **Psychische Symptome:** Ständige Erreichbarkeit wird mit Ängsten, Reizbarkeit und einem Gefühl des Kontrollverlusts in Verbindung gebracht.
- **Physische Symptome:** Der Körper reagiert mit Muskelverspannungen, Kopfschmerzen, Magenproblemen und einem geschwächten Immunsystem.

Eine Studie der Krankenkasse DAK aus dem Jahr 2021 ergab, dass rund 80 % der Berufstätigen in Deutschland regelmäßig auch nach Feierabend E-Mails abrufen oder berufliche Telefonate führen. Mehr als 50 % dieser Gruppe fühlen sich dadurch gestresst.

Die Nutzung digitaler Geräte, insbesondere in den Abendstunden, hat einen erheblichen Einfluss auf die Schlafqualität. Viele Berufstätige schauen noch kurz vor dem Einschlafen auf ihr Smartphone, um E-Mails zu checken, Nachrichten zu lesen oder soziale Medien zu durchstöbern. Doch genau dieses Verhalten kann den Schlaf massiv beeinträchtigen.

Blaues Licht und sein Einfluss auf den Schlaf

Bildschirme von Smartphones, Tablets und Computern strahlen blaues Licht aus, das die Produktion des Schlafhormons Melatonin hemmt. Melatonin ist für die Regulierung unseres Schlaf-Wach-Rhythmus verantwortlich und signalisiert dem Körper, dass es Zeit ist, sich auf die Nachtruhe vorzubereiten.

Wenn der Melatoninspiegel aufgrund von Bildschirmnutzung sinkt, verzögert sich nicht nur das Einschlafen, sondern auch die Qualität des Schlafes nimmt ab. Dies kann zu folgenden Problemen führen:

- **Einschlafstörungen:** Viele Menschen berichten, dass sie nach abendlicher Bildschirmnutzung länger wach liegen.
- **Unruhiger Schlaf:** Studien zeigen, dass Bildschirmnutzung mit einer geringeren Tiefschlafphase einhergeht, die für die Regeneration von Körper und Geist entscheidend ist.
- **Müdigkeit am nächsten Tag:** Schlechter Schlaf führt zu Tagesmüdigkeit, was die Leistungsfähigkeit und Stimmung beeinträchtigt.

Neben dem blauen Licht spielt auch die Dauerstimulation durch digitale Inhalte eine Rolle. Soziale Medien, Nachrichten-Apps oder berufliche E-Mails aktivieren das Gehirn und können zu Grübeleien führen, die das Einschlafen zusätzlich erschweren.

Laut einer Umfrage der Techniker Krankenkasse (TK) leiden etwa 30 % der Deutschen an Schlafproblemen, wobei die häufige Nutzung digitaler Geräte als ein Hauptfaktor genannt wird.

Ein weiteres Problem, das durch die übermäßige Nutzung digitaler Geräte entsteht, ist der Verlust der Konzentrationsfähigkeit. Besonders im beruflichen Kontext ist dies gravierend, da Konzentration eine Grundvoraussetzung für Produktivität und kreative Problemlösungen ist.

Die ständige Flut von Benachrichtigungen, E-Mails und Nachrichten sorgt dafür, dass wir immer wieder aus unserer Arbeit herausgerissen werden. Dieser Zustand, der oft als „digitaler Overload" bezeichnet wird, macht es schwer, sich länger auf eine Aufgabe zu konzentrieren.

Ein Hauptproblem hierbei ist die sogenannte „Aufmerksamkeitsresiduen-Theorie": Wenn wir eine Aufgabe unterbrechen, bleibt ein Teil unserer kognitiven Ressourcen bei der ursprünglichen Tätigkeit hängen, was die Fähigkeit beeinträchtigt, die neue Aufgabe effizient zu bearbeiten.

Obwohl Multitasking oft als Fähigkeit gepriesen wird, zeigen Studien, dass Menschen bei mehreren gleichzeitigen Aufgaben weniger produktiv sind, als wenn sie sich auf eine Aufgabe konzentrieren. Der ständige Wechsel zwischen E-Mails, Meetings und anderen Aufgaben kostet nicht nur Zeit, sondern führt auch zu einer schlechteren Arbeitsqualität.

Der ständige Konsum von digitalen Inhalten verändert die Art und Weise, wie unser Gehirn Informationen verarbeitet. Untersuchungen zeigen, dass die Fähigkeit, sich längere Zeit auf eine komplexe Aufgabe zu konzentrieren, durch die regelmäßige Nutzung von Smartphones und sozialen Medien abnimmt.

Berufstätige unterbrechen ihre Arbeit im Durchschnitt alle 3 Minuten, oft aufgrund digitaler Ablenkungen.
Die Produktivität sinkt um bis zu 40 %, wenn Menschen versuchen, mehrere Aufgaben gleichzeitig zu erledigen.
Laut einer Studie der Universität Kalifornien benötigen Menschen durchschnittlich 23 Minuten, um nach einer Unterbrechung wieder in den Flow zu kommen.

Neben den mentalen Auswirkungen führt die digitale Überforderung auch zu körperlichen Beschwerden. Häufig sind diese schleichend und werden erst bemerkt, wenn sie zu chronischen Problemen führen.

- **Haltungsschäden ("Tech-Neck"):** Das lange Arbeiten am Laptop oder das ständige Herunterschauen auf das Smartphone führt zu Verspannungen im Nacken- und Schulterbereich. Langfristig können Haltungsschäden wie ein Rundrücken oder Bandscheibenprobleme entstehen.
- **Augenbelastung:** Stundenlanges Starren auf Bildschirme verursacht das sogenannte „Office-Eye-Syndrom", bei dem die Augen trocken, gereizt und schmerzhaft werden.
- **Bewegungsmangel:** Die intensive Nutzung digitaler Geräte fördert einen überwiegend sitzenden Lebensstil, der mit einer Vielzahl von gesundheitlichen Risiken wie Übergewicht, Herz-Kreislauf-Erkrankungen und Rückenschmerzen verbunden ist.

Wie erkennen Sie digitale Abhängigkeit?

Digitale Geräte und das Internet sind ein fester Bestandteil unseres Alltags geworden, doch für viele Menschen kann aus der Nutzung eine Abhängigkeit entstehen. Insbesondere Berufstätige bemerken oft erst spät, dass sie unter den negativen Folgen digitaler Überlastung leiden. Die gute Nachricht: Digitale Abhängigkeit ist erkennbar – und ein bewusster Umgang kann helfen, wieder Kontrolle zu gewinnen.

In diesem Kapitel erfahren Sie, wie Sie digitale Abhängigkeit erkennen können. Ein Selbsttest hilft Ihnen dabei, Ihren eigenen Umgang mit digitalen Geräten zu reflektieren, und wir werfen einen Blick auf die häufigsten Warnsignale, die auf eine digitale Überlastung hinweisen.

Selbsttest: Bin ich digital überlastet?

Um festzustellen, ob Sie möglicherweise digital überlastet oder von digitalen Geräten abhängig sind, beantworten Sie die folgenden Fragen ehrlich. Notieren Sie für jede Frage, wie oft die Aussage auf Sie zutrifft:

Nie (0 Punkte)

Selten (1 Punkt)

Manchmal (2 Punkte)

Oft (3 Punkte)

Sehr oft (4 Punkte)

Selbsttest-Fragen:

1. Ich greife automatisch zu meinem Smartphone, wenn ich eine kurze Pause habe oder mich langweilig fühle.
   Ergebnis:_____

2. Ich fühle mich unruhig oder nervös, wenn ich nicht auf meine digitalen Geräte zugreifen kann.
   Ergebnis:_____

3. Ich schaue mehrmals pro Stunde auf mein Smartphone, selbst wenn es nicht klingelt oder vibriert.
   Ergebnis:_____

4. Ich habe das Gefühl, dass ich immer erreichbar sein muss – auch außerhalb der Arbeitszeit.
   Ergebnis:_____

5. Ich überprüfe meine E-Mails oder Nachrichten vor dem Schlafengehen oder direkt nach dem Aufwachen.
   Ergebnis:_____

6. Ich habe Schwierigkeiten, längere Zeit konzentriert zu arbeiten, ohne mein Smartphone zu benutzen.
   Ergebnis:_____

7. Ich verbringe mehr Zeit vor dem Bildschirm, als ich ursprünglich geplant hatte.
   Ergebnis:_____

8. Mein digitales Leben beeinträchtigt meine Beziehungen, z. B. weil ich abgelenkt bin, während ich Zeit mit anderen verbringe.
   Ergebnis:_____

9. Ich fühle mich gestresst oder überfordert von der Menge an Nachrichten und Informationen, die ich täglich erhalte.
   Ergebnis:_____

10. Ich würde gerne meine Bildschirmzeit reduzieren, finde es aber schwierig, dies umzusetzen.
    Ergebnis:_____

Summe: _____

Auswertung:

Zählen Sie Ihre Punkte zusammen und vergleichen Sie Ihr Ergebnis mit den folgenden Kategorien:

0–10 Punkte: Sie haben einen gesunden Umgang mit digitalen Geräten. Digitale Überlastung ist aktuell kein Problem für Sie.

11–20 Punkte: Sie stehen unter moderater digitaler Belastung. Überlegen Sie, wie Sie Ihre Nutzung bewusst reduzieren können.

21–30 Punkte: Ihre Nutzung digitaler Geräte zeigt deutliche Anzeichen von Überlastung. Es ist ratsam, Maßnahmen für einen Digital Detox zu ergreifen.

31–40 Punkte: Sie sind stark digital überlastet und sollten dringend aktiv werden, um Ihre Abhängigkeit zu reduzieren.

Die häufigsten Warnsignale:

Digitale Abhängigkeit zeigt sich auf unterschiedliche Weise, sowohl psychisch als auch physisch. Wer die Warnsignale kennt, kann frühzeitig gegensteuern. Hier sind die häufigsten Symptome, die auf digitale Überlastung hinweisen:

1. Ständiger Drang, das Smartphone zu überprüfen

Ein zentrales Merkmal digitaler Abhängigkeit ist das zwanghafte Bedürfnis, ständig auf das Smartphone zu schauen – sei es, um Nachrichten zu lesen, soziale Medien zu checken oder einfach nur nachzusehen, ob etwas Neues passiert ist.

Typische Anzeichen:

Das Smartphone wird automatisch hervorgeholt, auch in Situationen, in denen es nicht benötigt wird.

"Phantom-Vibrationen" – das Gefühl, das Handy habe vibriert, obwohl es das nicht hat.

2. Schwierigkeiten, offline zu sein

Menschen, die von digitalen Geräten abhängig sind, fühlen sich oft unwohl oder gestresst, wenn sie offline sind. Diese Unruhe wird auch als „FOMO" (Fear of Missing Out) bezeichnet – die Angst, etwas Wichtiges zu verpassen.

Typische Anzeichen:

Nervosität oder Unruhe, wenn das Smartphone zu Hause vergessen wurde.

Schwierigkeiten, Urlaubszeiten oder Freizeit ohne digitale Geräte zu genießen.

3. Negative Auswirkungen auf Schlaf und Gesundheit

Digitale Abhängigkeit wirkt sich oft direkt auf den Körper aus. Schlafprobleme durch abendliche Bildschirmnutzung und Stress durch ständige Erreichbarkeit sind häufige Warnsignale.

Typische Anzeichen:

Schwierigkeiten, abends abzuschalten oder einzuschlafen.

Häufige Müdigkeit oder Erschöpfung am nächsten Tag.

Beschwerden wie Augenbelastung, Kopfschmerzen oder Nackenverspannungen durch lange Bildschirmzeiten.

4. Konzentrationsprobleme und Produktivitätsverlust

Menschen mit digitaler Überlastung haben oft Schwierigkeiten, sich längere Zeit auf eine Aufgabe zu konzentrieren. Die ständige Ablenkung durch Benachrichtigungen und das Springen zwischen Aufgaben wirken sich negativ auf die Produktivität aus.

Typische Anzeichen:

Häufiges Unterbrechen von Aufgaben, um digitale Inhalte zu checken.

Schwierigkeiten, den Fokus zu halten, selbst bei wichtigen Projekten.

Längere Zeiten für die Erledigung von Aufgaben als üblich.

5. Beeinträchtigung sozialer Beziehungen

Eine übermäßige Nutzung digitaler Geräte kann dazu führen, dass soziale Beziehungen leiden. Zeit, die eigentlich für Familie und Freunde gedacht ist, wird stattdessen mit dem Smartphone oder am Computer verbracht.

Typische Anzeichen:

Partner, Familie oder Freunde äußern Beschwerden über fehlende Aufmerksamkeit.

Nutzung des Smartphones während gemeinsamer Aktivitäten, z. B. beim Essen oder bei Gesprächen.

Rückzug in die digitale Welt anstatt reale soziale Interaktionen zu suchen.

6. Gefühl der Überforderung durch digitale Inhalte

Digitale Abhängigkeit ist oft mit einem Gefühl der Überforderung verbunden. Die schiere Menge an Nachrichten, E-Mails und Informationen kann erdrückend wirken.

Typische Anzeichen:

Das Gefühl, nicht mehr „hinterherzukommen" mit der Beantwortung von Nachrichten.

Vermeiden von E-Mails oder sozialen Medien, weil sie als belastend empfunden werden.

Häufiger Wunsch, alles „abzuschalten" und zu entfliehen.

2: Vorteile eines Digital Detox – Fokus, Produktivität, Balance

Was ist Digital Detox überhaupt?

Digitale Geräte und das Internet sind aus unserem Alltag nicht mehr wegzudenken. Sie erleichtern unsere Arbeit, ermöglichen uns den Zugang zu Informationen in Sekundenschnelle und halten uns mit Freunden und Familie in Verbindung. Doch der ständige Einsatz dieser Technologien hat auch Schattenseiten: Er kann unsere Aufmerksamkeit zersplittern, uns stressen und unser Leben aus dem Gleichgewicht bringen. Ein **Digital Detox** setzt genau hier an.

Definition und Zielsetzung: Mehr Kontrolle über den Umgang mit digitalen Geräten

Digital Detox bedeutet, bewusst auf die Nutzung digitaler Geräte wie Smartphones, Tablets, Computer oder Smartwatches zu verzichten – zumindest zeitweise. Es geht nicht darum, die Technologie vollständig aus dem Leben zu verbannen, sondern darum, den eigenen Umgang mit ihr zu hinterfragen und bewusster zu gestalten.

Die Kernidee eines Digital Detox

Der Begriff „Detox" stammt ursprünglich aus der Medizin und bezeichnet eine Entgiftung des Körpers, um schädliche Substanzen auszuscheiden. Übertragen auf die digitale Welt bedeutet Digital Detox eine „Entgiftung" von der übermäßigen Nutzung digitaler Medien. Ziel ist es, Abstand zu gewinnen, um wieder Kontrolle über den eigenen Alltag zu erlangen.

Was ein Digital Detox nicht ist

Ein Digital Detox ist keine völlige Abstinenz von Technologie – zumindest nicht zwangsläufig. Für Berufstätige, die auf digitale Geräte angewiesen sind, geht es vielmehr darum, die Nutzung sinnvoll einzuschränken und gezielt Zeiten der Erholung einzuplanen.

Es ist kein dogmatischer Verzicht, sondern ein individueller Ansatz: Jede*r entscheidet selbst, welche Bereiche des digitalen Lebens verändert oder reduziert werden sollen, um das persönliche Wohlbefinden zu steigern.

Warum ist ein Digital Detox wichtig?

Der moderne Alltag ist durch ständige Erreichbarkeit, permanente Ablenkung und eine Überflutung mit Informationen geprägt. Viele Menschen merken gar nicht, wie stark diese Faktoren ihre geistige und körperliche Gesundheit beeinträchtigen. Ein Digital Detox kann helfen, die Balance zwischen digitaler und analoger Welt wiederherzustellen und langfristig ein gesünderes, erfüllteres Leben zu führen.

Die wichtigsten Ziele eines Digital Detox

Mehr Kontrolle und bewusster Umgang mit Technologie: Ein Digital Detox hilft dabei, die Kontrolle über die Nutzung digitaler Geräte zurückzugewinnen, anstatt sich von ihnen kontrollieren zu lassen.

Beispiel: Statt reflexartig zum Smartphone zu greifen, weil eine Benachrichtigung erscheint, lernen Sie, bewusster zu entscheiden, wann und warum Sie Ihr Gerät nutzen.

Wieder mehr Zeit für Wesentliches: Ein Detox macht sichtbar, wie viel Zeit durch unnötige Bildschirmnutzung verloren geht – und wie diese Zeit sinnvoller genutzt werden kann.

Beispiel: Statt eine Stunde auf sozialen Medien zu verbringen, könnten Sie die Zeit nutzen, um ein Buch zu lesen, Sport zu treiben oder mit Freunden zu sprechen.

Steigerung der Produktivität und Konzentration: Weniger Ablenkung bedeutet mehr Fokus. Ein Digital Detox hilft, sich auf das Wesentliche zu konzentrieren und Aufgaben effizienter zu erledigen.

Reduktion von Stress: Ständige Benachrichtigungen und der Druck, immer erreichbar zu sein, fördern Stress und Unruhe. Durch einen Digital Detox können Sie sich von diesen Belastungen befreien und Ruhe finden.

Verbesserung der Beziehungen: Weniger Zeit mit digitalen Geräten bedeutet mehr Zeit für zwischenmenschliche Beziehungen. Ein Detox kann helfen, wieder präsenter und aufmerksamer in Gesprächen und Aktivitäten mit anderen zu sein.

Förderung von Kreativität: Durch den Verzicht auf digitale Ablenkungen schaffen Sie Raum für neue Ideen, kreative Gedanken und persönliche Projekte.

Wie funktioniert ein Digital Detox?

Ein Digital Detox kann in verschiedenen Formen und Intensitäten durchgeführt werden, je nachdem, welche Bedürfnisse und Ziele Sie verfolgen:

Kompletter Verzicht für eine bestimmte Zeit:

Beispiel: Ein Wochenende oder ein ganzer Urlaub ohne Smartphone und Laptop.

Zeitliche Einschränkung der Nutzung:

Beispiel: Tägliche „Offline-Zeiten" einplanen, wie etwa nach Feierabend oder vor dem Schlafengehen.

Bewusstes Reduzieren bestimmter Aktivitäten:

Beispiel: Keine sozialen Medien während der Arbeitszeit oder Verzicht auf überflüssige Apps.

Schaffung von „Offline-Zonen":

Beispiel: Keine Nutzung digitaler Geräte im Schlafzimmer oder während der Mahlzeiten.

Ein Beispiel für einen erfolgreichen Digital Detox

Miriam, eine 35-jährige Projektmanagerin, fühlte sich zunehmend gestresst und unkonzentriert. Sie beschloss, für einen Monat einen Digital Detox zu machen, bei dem sie:

Ihre Smartphone-Nutzung auf zwei Stunden pro Tag beschränkte.

Keine beruflichen E-Mails nach Feierabend beantwortete.

Jeden Abend eine Stunde vor dem Schlafengehen offline ging.

Nach den ersten Tagen bemerkte sie, dass sie besser schlief, sich weniger gestresst fühlte und sich länger auf ihre Aufgaben konzentrieren konnte. Am Ende des Monats hatte sie neue Routinen entwickelt, die ihr halfen, ihre digitale Nutzung langfristig bewusster zu gestalten.

Fazit

Ein Digital Detox ist keine vorübergehende Modeerscheinung, sondern ein wirksames Mittel, um den negativen Auswirkungen der ständigen digitalen Erreichbarkeit entgegenzuwirken. Es hilft, die Kontrolle zurückzugewinnen, mehr Fokus und Produktivität zu erlangen und die Balance zwischen digitaler und analoger Welt zu finden.

Das nächste Kapitel wird die zahlreichen Vorteile eines Digital Detox noch genauer beleuchten und aufzeigen, wie sich diese positiv auf das Leben von Berufstätigen auswirken können.

Warum Digital Detox besonders für Berufstätige wichtig ist

In einer Arbeitswelt, die zunehmend von digitalen Technologien geprägt ist, fällt es vielen Berufstätigen schwer, produktiv zu bleiben und sich auf das Wesentliche zu konzentrieren. Ständige Unterbrechungen durch Benachrichtigungen, E-Mails und Nachrichten behindern die Konzentration und senken die Qualität der Arbeit. Ein Digital Detox kann hier Abhilfe schaffen, indem er Berufstätigen hilft, Ablenkungen zu minimieren, ihre Arbeitsweise zu optimieren und ihre Ergebnisse zu verbessern.

Fokus steigern und Multitasking vermeiden

Warum der Fokus leidet

Berufstätige stehen heute unter einem ständigen Strom von Informationen. E-Mails, Videokonferenzen, Team-Apps und soziale Medien konkurrieren gleichzeitig um unsere Aufmerksamkeit. Dieser Zustand, oft als **"digitaler Overload"** bezeichnet, führt dazu, dass wir unsere Aufmerksamkeit immer wieder zwischen verschiedenen Aufgaben aufteilen müssen.

Das Problem dabei: **Multitasking ist eine Illusion.** Studien haben gezeigt, dass das Gehirn nicht in der Lage ist, mehrere komplexe Aufgaben gleichzeitig zu erledigen. Stattdessen springt es schnell zwischen den Aufgaben hin und her, was nicht nur die Effizienz senkt, sondern auch die Qualität der Arbeit beeinträchtigt.

Die Folgen von Multitasking

- **Zeitverluste:** Jeder Wechsel zwischen Aufgaben – sei es das Beantworten einer E-Mail oder das Überprüfen einer Nachricht – verursacht sogenannte „Kontextwechselkosten". Untersuchungen zufolge dauert es im Schnitt **23 Minuten**, um nach einer Unterbrechung wieder in den Flow-Zustand zurückzukehren.

- **Fehleranfälligkeit:** Multitasking erhöht die Wahrscheinlichkeit von Fehlern, da das Gehirn nicht tief genug in eine Aufgabe eintauchen kann.
- **Stress und Überforderung:** Die ständige Fragmentierung der Aufmerksamkeit führt zu einem Gefühl der Erschöpfung, ohne dass das Gefühl entsteht, wirklich produktiv gewesen zu sein.

Wie ein Digital Detox den Fokus verbessert

Ein Digital Detox hilft, Multitasking durch **Monotasking** zu ersetzen – das bewusste Arbeiten an einer einzigen Aufgabe ohne Ablenkungen. Dies gelingt durch:

- **Ausschalten von Benachrichtigungen:** Indem berufliche und private Benachrichtigungen reduziert werden, fällt es leichter, ununterbrochen an einer Aufgabe zu arbeiten.
- **Planung von „Offline-Zeiten":** Während dieser Zeiten werden digitale Geräte abgeschaltet, um konzentriert an Projekten zu arbeiten.
- **Etablierung von Routinen:** Durch den bewussten Umgang mit digitalen Geräten können Sie Ihren Arbeitsalltag so strukturieren, dass Sie Ihre wertvollste Zeit den wichtigsten Aufgaben widmen.

Beispiel:
Stellen Sie sich vor, Sie beginnen Ihren Arbeitstag, indem Sie die ersten 90 Minuten ausschließlich an einer wichtigen Aufgabe arbeiten – ohne E-Mails zu lesen oder auf Benachrichtigungen zu reagieren. Studien zeigen, dass Menschen, die solche ungestörten Zeitfenster nutzen, ihre Produktivität um bis zu **40 %** steigern können.

Produktiver arbeiten und die Qualität der Ergebnisse verbessern

Der Mythos von „mehr ist besser"

In einer Welt, die von Effizienz und Geschwindigkeit getrieben wird, glauben viele, dass ständiges Arbeiten und sofortiges Reagieren zu besseren Ergebnissen führen. Tatsächlich zeigt die Forschung jedoch, dass dies nicht der Fall ist. Menschen, die sich regelmäßig von digitalen Ablenkungen „entgiften", sind nicht nur produktiver, sondern liefern auch qualitativ hochwertigere Ergebnisse.

Wie digitale Geräte die Produktivität hemmen

1. **Ständige Unterbrechungen:** Durchschnittlich wird ein Berufstätiger **alle 3 Minuten** unterbrochen – sei es durch eine E-Mail, einen Anruf oder eine Benachrichtigung. Solche Unterbrechungen führen dazu, dass Aufgaben länger dauern und die Arbeitsqualität leidet.

2. **Energieverschwendung durch Dauererreichbarkeit:** Wenn Berufstätige das Gefühl haben, immer erreichbar sein zu müssen, führt dies zu mentaler Erschöpfung. Das Gehirn hat weniger Kapazität für kreatives Denken und Problemlösungen.

3. **Verlust des „Flow-Zustands":** Der Flow-Zustand ist ein Zustand tiefer Konzentration und maximaler Produktivität. Studien zeigen, dass Unterbrechungen diesen Zustand nahezu unmöglich machen.

Wie ein Digital Detox die Produktivität steigert

Ein Digital Detox hilft Berufstätigen, die Kontrolle über ihre Arbeitsweise zurückzugewinnen, indem er klare Strukturen und Pausen schafft:

1. **Gezielte Nutzung von Technologie:** Statt ständig auf digitale Geräte zuzugreifen, nutzen Sie diese nur für klar

definierte Aufgaben. Beispielsweise kann das Beantworten von E-Mails auf zwei feste Zeitfenster pro Tag beschränkt werden.

2. **Bessere Priorisierung:** Ein bewusster Umgang mit digitalen Geräten ermöglicht es, die wichtigsten Aufgaben des Tages in den Fokus zu rücken, anstatt sich von weniger wichtigen Aktivitäten ablenken zu lassen.

3. **Regelmäßige Erholungspausen:** Ein Digital Detox fördert den Einsatz von Erholungstechniken wie der Pomodoro-Methode, bei der nach 25 Minuten konzentrierter Arbeit eine kurze Pause folgt. Diese Pausen verbessern die mentale Leistungsfähigkeit und verhindern Erschöpfung.

Langfristige Vorteile für die Qualität der Arbeit

Berufstätige, die regelmäßig Pausen von digitalen Geräten einlegen, berichten von:

- **Kreativeren Lösungen:** Ohne ständige Ablenkung durch digitale Geräte kann das Gehirn freier und tiefer nachdenken.

- **Höherer Präzision:** Die Arbeit wird sorgfältiger erledigt, da der Fokus auf einer einzigen Aufgabe liegt.

- **Mehr Zufriedenheit:** Die gesteigerte Produktivität und Qualität führen zu einem Gefühl von Erfolg und Erfüllung im Job.

Beispiel:
Ein Team in einem Marketingunternehmen beschloss, einen „Digital Detox-Montag" einzuführen. An diesem Tag wurden keine E-Mails oder Chat-Nachrichten verschickt, sondern jeder konzentrierte sich auf kreative Projekte. Innerhalb von drei Monaten stieg die Qualität der Ergebnisse deutlich, und die Mitarbeiter fühlten sich motivierter und weniger gestresst.

Warum Digital Detox ein Gamechanger für Berufstätige ist

Ein Digital Detox ist nicht nur eine kurzfristige Lösung für Ablenkung und Überlastung, sondern ein langfristiger Ansatz, um nachhaltige Veränderungen in der Arbeitsweise zu bewirken. Die Fähigkeit, fokussiert und produktiv zu arbeiten, ist im heutigen digitalen Zeitalter eine der wertvollsten Kompetenzen, die Berufstätige entwickeln können.

Durch den bewussten Umgang mit digitalen Geräten gewinnen Sie nicht nur Kontrolle über Ihre Arbeitszeit zurück, sondern schaffen auch die Grundlage für qualitativ hochwertigere Ergebnisse, mehr Zufriedenheit im Job und eine bessere Work-Life-Balance.

Vorteile im Privatleben

Der Einfluss digitaler Geräte endet nicht nach Feierabend. Auch im Privatleben prägen Smartphones, Tablets und Laptops unseren Alltag: Ob beim abendlichen Scrollen durch soziale Medien, beim ständigen Checken beruflicher E-Mails oder durch die Unterhaltung, die uns Streaming-Dienste bieten – digitale Technologien dominieren oft auch unsere Freizeit. Ein Digital Detox kann helfen, die Balance zwischen Arbeit und Privatleben zurückzugewinnen, mehr Zeit für Familie und Hobbys zu schaffen und bewusster zu leben.

Bessere Work-Life-Balance

Wie digitale Geräte die Work-Life-Balance stören

Im digitalen Zeitalter ist die Grenze zwischen Arbeit und Freizeit immer mehr verschwommen. Die ständige Erreichbarkeit durch E-Mails, Chat-Apps und berufliche Plattformen führt dazu, dass viele Berufstätige auch nach Feierabend gedanklich bei der Arbeit sind.

Typische Beispiele:

- Das Beantworten von E-Mails nach Feierabend.
- Das ständige Überprüfen des Smartphones während des Abendessens oder in der Familienzeit.
- Das Gefühl, immer „auf Abruf" sein zu müssen, selbst an Wochenenden oder im Urlaub.

Diese ständige Verbindung zur Arbeit verursacht Stress und verhindert, dass wir uns wirklich erholen. Ohne klare Grenzen geraten viele Menschen in einen Zustand der permanenten Überlastung, was langfristig zu Burnout führen kann.

Wie ein Digital Detox die Balance wiederherstellt

Ein Digital Detox hilft dabei, klare Trennlinien zwischen Arbeit und Privatleben zu ziehen. Dies gelingt durch einfache, aber wirkungsvolle Maßnahmen:

- **Festlegung von „Offline-Zeiten":** Berufliche Geräte werden nach Feierabend oder an Wochenenden ausgeschaltet oder bewusst beiseitegelegt.

- **Schaffung von digitalen Freiräumen:** Das Schlafzimmer, der Esstisch oder Familienzeiten werden als „no-tech zones" definiert.

- **Priorisierung von Erholung:** Ohne ständige Ablenkung durch digitale Geräte können Freizeit und Erholung bewusst gestaltet werden.

Ergebnis:
Menschen, die bewusst offline gehen, berichten, dass sie sich schneller entspannen können und sich besser auf die Aktivitäten oder Menschen konzentrieren, die ihnen wichtig sind. Die Work-Life-Balance wird dadurch nicht nur wiederhergestellt, sondern oft deutlich verbessert.

Mehr Zeit für Familie, Hobbys und Erholung

Die digitale Zeitfalle im Alltag

Viele Berufstätige unterschätzen, wie viel Zeit sie täglich mit digitalen Geräten verbringen. Eine Studie des Digitalverbandes Bitkom zeigt, dass Deutsche durchschnittlich **vier Stunden pro Tag** mit ihrem Smartphone und weitere **vier bis sechs Stunden** mit anderen digitalen Geräten wie Computern oder Tablets verbringen. Oft handelt es sich dabei um Zeit, die nicht bewusst genutzt wird – beispielsweise beim Scrollen durch soziale Medien oder beim ziellosen Surfen im Internet.

Diese Zeit fehlt häufig in anderen Bereichen des Lebens:

- **In der Familie:** Anstatt mit dem Partner oder den Kindern zu sprechen, ist die Aufmerksamkeit auf das Smartphone gerichtet.

- **Für Hobbys:** Viele Menschen klagen darüber, dass sie keine Zeit für kreative oder sportliche Aktivitäten haben

- während sie gleichzeitig mehrere Stunden am Tag am Bildschirm verbringen.
- **Für Erholung:** Anstatt zu entspannen, wird die Freizeit durch digitale Geräte „gefüllt", was die mentale Erholung verhindert.

Ein Digital Detox schenkt Zeit zurück

Ein bewusster Verzicht auf digitale Geräte kann erstaunlich viel Zeit freisetzen, die für bedeutungsvolle und erfüllende Aktivitäten genutzt werden kann.

- **Mehr Zeit für Familie:** Ohne ständige Ablenkung durch das Smartphone können Sie sich voll und ganz auf Ihre Familie konzentrieren. Gemeinsame Mahlzeiten, Spieleabende oder Spaziergänge werden zu wertvollen Momenten, die die Beziehungen stärken.
- **Wiederentdeckung von Hobbys:** Viele Menschen entdecken durch einen Digital Detox alte Hobbys wieder oder beginnen neue Aktivitäten – sei es Malen, Musizieren, Kochen oder Gartenarbeit.
- **Tiefe Entspannung:** Durch den Verzicht auf digitale Reize können Körper und Geist sich besser erholen. Lesen, Meditation oder einfaches Nichtstun helfen, Stress abzubauen und neue Energie zu tanken.

Beispiel aus der Praxis

Stefan, ein 42-jähriger Teamleiter, bemerkte, dass er trotz Feierabend kaum Zeit für seine Kinder hatte. Nach einem bewussten Digital Detox – bei dem er sein Smartphone ab 18 Uhr ausschaltete – stellte er fest, dass er abends mehr Energie hatte, um mit seiner Familie Zeit zu verbringen. Innerhalb weniger Wochen verbesserte sich nicht nur die Beziehung zu seinen Kindern, sondern auch seine eigene Zufriedenheit.

Mehr Nähe zur Familie: Sandras Erfolgsgeschichte

Sandra, 38, ist Projektmanagerin in einem großen Unternehmen und Mutter von zwei Kindern. Sie bemerkte, dass sie trotz des Feierabends oft gedanklich noch bei der Arbeit war. Ständig checkte sie berufliche E-Mails oder scrollte durch soziale Medien, während ihre Kinder sie um Aufmerksamkeit baten.

Nach einem Streit mit ihrer Tochter, die frustriert darüber war, dass Sandra „immer auf ihr Handy schaut", entschied sie sich für einen Digital Detox. Sie führte klare Regeln ein: Keine Smartphones während des Abendessens und in der Zeit zwischen 18 und 20 Uhr. Diese Zeit widmete sie ausschließlich ihrer Familie.

Das Ergebnis: Innerhalb weniger Wochen veränderte sich die Atmosphäre zu Hause spürbar. Sandra fühlte sich präsenter und genoss es, mit ihren Kindern Brettspiele zu spielen oder gemeinsam zu lesen. Auch ihr Mann war begeistert von der neu gewonnenen gemeinsamen Zeit. Sandra bemerkte, dass sie diese Auszeiten nicht nur genoss, sondern auch weniger Stress verspürte, da sie nicht mehr ständig auf Benachrichtigungen reagieren musste.

Wiederentdeckte Hobbys: Tims Kreativitäts-Comeback

Tim, 29, arbeitet in der IT-Branche und verbrachte täglich 10 Stunden vor einem Bildschirm – sei es bei der Arbeit oder in der Freizeit. Nach Feierabend schaute er oft Serien oder scrollte ziellos durch soziale Medien, was ihn mit der Zeit frustriert machte. Er hatte das Gefühl, dass seine Tage immer gleich abliefen und ihm etwas fehlte.

Auf Empfehlung eines Freundes startete Tim einen Digital Detox. Er beschloss, seine Freizeit ab 19 Uhr offline zu verbringen und stattdessen einer alten Leidenschaft nachzugehen: dem Malen. Anfangs war es für ihn schwierig, nicht auf sein Smartphone zu schauen, doch nach einer Woche merkte er, wie befreiend es war, offline zu sein.

Das Ergebnis: Tim begann, regelmäßig zu malen, und fand wieder Spaß an der Kreativität. „Ich habe mich so lebendig gefühlt wie schon lange nicht mehr", erzählt er. Die Zufriedenheit, die er aus seinem Hobby zog, wirkte sich auch positiv auf seine Arbeit aus – er war weniger gestresst und konnte sich besser konzentrieren.

Tiefere Entspannung: Annas Offline-Abende

Anna, 44, ist Lehrerin und Mutter von drei Teenagern. Sie hatte das Gefühl, dass sie rund um die Uhr „an" war – beruflich wie privat. Selbst abends lag sie oft mit dem Smartphone auf der Couch, um noch Nachrichten zu beantworten oder durch Nachrichtenportale zu scrollen. Das führte dazu, dass sie sich selten wirklich erholt fühlte und oft schlecht schlief.

Anna beschloss, ab 20 Uhr alle Geräte auszuschalten – nicht nur ihr eigenes Smartphone, sondern auch die Tablets ihrer Kinder. Sie begann, abends stattdessen Bücher zu lesen, meditieren zu lernen und Kerzenlicht statt grelles Zimmerlicht zu verwenden.

Das Ergebnis: Schon nach zwei Wochen bemerkte Anna, dass sie schneller einschlief und morgens erholter aufwachte. Sie hatte das Gefühl, wieder Kraft zu tanken und den Tag bewusster zu genießen. Ihre Kinder folgten ihrem Beispiel und entdeckten, dass Brettspiele oder einfaches Reden mehr Spaß machten, als Videos auf TikTok zu schauen.

Zeit für echte Gespräche: Markos bewusster Umgang mit Freunden

Marko, 35, arbeitet als Unternehmensberater und verbringt seine Wochen oft in verschiedenen Städten. In seiner Freizeit nutzte er soziale Medien, um mit Freunden in Kontakt zu bleiben, aber dabei merkte er, dass die Beziehungen zunehmend oberflächlich wurden. „Ich wusste, was meine Freunde online posten, aber ich fühlte mich trotzdem distanziert", erzählt er.

Marko entschied sich, einen Digital Detox zu versuchen: Er deaktivierte seine sozialen Medien für einen Monat und begann, Freunde aktiv anzurufen oder sich persönlich mit ihnen zu treffen.

Das Ergebnis: Marko erlebte, wie sich seine Freundschaften vertieften. „Ein persönliches Gespräch war viel intensiver, als hunderte Posts zu liken." Er verbrachte mehr Zeit mit seinen Freunden bei gemeinsamen Aktivitäten wie Wandern oder Kochen. Dadurch fühlte er sich emotional stärker verbunden und weniger isoliert.

Mehr Gelassenheit im Alltag: Karins Abschied vom ständigen Scrollen

Karin, 50, arbeitet in der Buchhaltung und hatte die Gewohnheit, jeden freien Moment mit ihrem Smartphone zu füllen. Ob beim Frühstück, in der Mittagspause oder vor dem Schlafengehen – sie scrollte durch Nachrichten oder soziale Medien. Mit der Zeit bemerkte sie, dass sie immer unruhiger wurde, wenn sie „nichts zu tun" hatte.

Nach einem Artikel über Digital Detox entschied sie sich, das ständige Scrollen zu reduzieren. Sie führte Smartphone-freie Zeiten ein: keine Nutzung während der Mahlzeiten, beim Spazierengehen oder eine Stunde vor dem Schlafengehen.

Das Ergebnis: Karin erlebte eine überraschende Veränderung. Ohne ihr Smartphone fühlte sie sich entspannter und begann, die kleinen Momente des Alltags mehr zu schätzen – etwa den Spaziergang durch den Park oder die Zubereitung ihres Lieblingsessens. „Es war, als hätte ich Zeit zurückgewonnen", sagt sie.

Langfristige Vorteile eines Digital Detox im Privatleben

1. **Stärkere soziale Beziehungen:** Studien zeigen, dass Menschen, die bewusst offline gehen, tiefere und bedeutungsvollere Beziehungen aufbauen können. Gespräche und gemeinsame Aktivitäten werden intensiver, da die volle Aufmerksamkeit auf dem Gegenüber liegt.

2. **Mehr Zufriedenheit:** Wer mehr Zeit für Hobbys, Familie und Erholung hat, fühlt sich im Alltag ausgeglichener und zufriedener. Der Verzicht auf digitale Ablenkungen schafft Raum für bewusste Erlebnisse und echte Lebensfreude.

3. **Bessere mentale Gesundheit:** Der ständige Konsum von Nachrichten, sozialen Medien und E-Mails kann Stress, Angst und Überforderung verstärken. Ein Digital Detox reduziert diese Belastungen und fördert eine positive mentale Haltung.

4. **Mehr Energie:** Ohne digitale Reizüberflutung fühlen sich viele Menschen erholter und energiegeladener. Dies kommt nicht nur der Freizeit, sondern auch der Arbeit zugute.

Fazit

Ein Digital Detox hat nicht nur Vorteile für die berufliche Produktivität, sondern auch für das Privatleben. Indem Sie bewusster mit digitalen Geräten umgehen, schaffen Sie mehr Zeit für Familie, Hobbys und Erholung. Gleichzeitig verbessern Sie Ihre Work-Life-Balance und fördern Ihre mentale und emotionale Gesundheit.

Im nächsten Kapitel wird es darum gehen, wie Sie einen Digital Detox konkret in Ihrem Alltag umsetzen können – Schritt für Schritt und angepasst an Ihre individuellen Bedürfnisse.

3: Dein 30-Tage-Plan – Woche für Woche Strategien und Übungen

Woche 1: Bewusstsein schaffen und Grundlagen legen

Der erste Schritt eines erfolgreichen Digital Detox ist, sich bewusst zu machen, wie stark digitale Geräte unseren Alltag tatsächlich beeinflussen. Viele Menschen unterschätzen ihre Bildschirmzeit oder die Häufigkeit, mit der sie zum Smartphone greifen. In dieser ersten Woche konzentrieren wir uns darauf, Ihre digitalen Gewohnheiten zu beobachten und ein klares Bild von Ihrer aktuellen Nutzung zu gewinnen.

Beobachte deine digitalen Gewohnheiten!

Bevor Sie Veränderungen vornehmen, sollten Sie sich zunächst bewusst machen, wie und wie oft Sie digitale Geräte nutzen. Diese Phase dient nicht der Kritik oder Veränderung, sondern lediglich der **Bestandsaufnahme**.

1. Eine Woche lang bewusst aufzeichnen: Wie oft greife ich zum Handy oder Laptop?

Beginnen Sie diese Woche mit einer simplen, aber aufschlussreichen Aufgabe: Dokumentieren Sie Ihre Nutzung digitaler Geräte.

Warum ist das wichtig?

Viele von uns greifen reflexartig zu ihrem Smartphone, ohne darüber nachzudenken. Ein kurzer Blick auf die Uhrzeit, das Abrufen von Nachrichten oder das Scrollen durch soziale Medien summiert sich schnell auf mehrere Stunden pro Tag. Dieses Verhalten bewusst zu beobachten, ist der Schlüssel, um herauszufinden, wo Sie ansetzen können, um Ihre Nutzung zu reduzieren.

Schritt-für-Schritt-Anleitung zur Beobachtung Ihrer Gewohnheiten

1. **Führen Sie ein Nutzungstagebuch:** Halten Sie eine Woche lang jede Interaktion mit digitalen Geräten fest. Notieren Sie:

    - Wann und wie oft Sie Ihr Smartphone, Ihren Laptop oder andere Geräte verwenden.
    - Welche Apps oder Programme Sie am häufigsten nutzen.
    - Wie lange Sie dabei jeweils beschäftigt sind.

Beispiel für eine Tagesnotiz:

- 8:15 Uhr: E-Mails checken (10 Minuten).
- 12:30 Uhr: Social Media scrollen während der Mittagspause (20 Minuten).
- 21:00 Uhr: Streaming-Serie schauen (2 Stunden).

Verwenden Sie dazu ein Notizbuch oder digitale Tools wie Excel. Wichtig ist, dass Sie Ihre Gewohnheiten ehrlich aufzeichnen, ohne sich zu bewerten.

2. **Achten Sie auf spontane Nutzung:** Beobachten Sie, wann Sie zum Smartphone greifen, ohne bewusst darüber nachzudenken. Dies könnte z. B. beim Warten in der Schlange, in der Werbepause beim Fernsehen oder direkt nach dem Aufwachen sein.

3. **Erkennen Sie Muster:** Am Ende der Woche analysieren Sie Ihre Aufzeichnungen und suchen nach wiederkehrenden Mustern:

    - Greifen Sie oft in bestimmten Situationen oder zu bestimmten Tageszeiten zum Handy?

- Gibt es Apps, die besonders viel Ihrer Zeit beanspruchen?
- Haben Sie das Gefühl, Zeit „verloren" zu haben, die Sie anderweitig hätten nutzen können?

2. Tools und Apps zur Analyse der Bildschirmzeit

Wenn das manuelle Aufzeichnen zu aufwendig erscheint oder Sie zusätzliche Daten sammeln möchten, können Sie auf digitale Tools zurückgreifen. Viele Geräte verfügen bereits über integrierte Funktionen, die Ihnen helfen, Ihre Bildschirmzeit zu analysieren.

Empfohlene Tools und Apps

1. **Integrierte Bildschirmzeit-Funktionen:**
   - **Apple (iOS):** Die Funktion „Bildschirmzeit" zeigt Ihnen an, wie viel Zeit Sie täglich und wöchentlich mit verschiedenen Apps verbringen. Sie können auch Benachrichtigungen und Limits für einzelne Apps einrichten.
   - **Android:** Die Funktion „Digitales Wohlbefinden" bietet ähnliche Einblicke in Ihre Nutzung und zeigt die Anzahl der Entsperrungen sowie die häufigsten Apps.

2. **Externe Apps für detaillierte Analysen:**
   - **RescueTime:** Eine umfassende App, die Ihre Nutzung am Smartphone und Computer erfasst und Ihnen Berichte über Ihre produktive und unproduktive Zeit liefert.
   - **Moment:** Diese App trackt Ihre Bildschirmzeit und hilft Ihnen, bewusstere Entscheidungen zu treffen.

- **Forest:** Während diese App weniger auf Analyse fokussiert ist, motiviert sie Sie, Ihre Bildschirmzeit zu reduzieren, indem Sie virtuelle Bäume pflanzen, während Sie offline bleiben.

3. **Browser-Erweiterungen für Computer:**

    - **StayFocusd(Chrome):** Blockiert unproduktive Websites während der Arbeitszeit und liefert Berichte über Ihre Surfgewohnheiten.

    - **Toggl Track:** Eine Zeiterfassungssoftware, die Ihnen zeigt, wie viel Zeit Sie mit bestimmten Programmen oder Websites verbringen.

Wie Sie die Daten interpretieren

Am Ende der Woche sollten Sie sich die Berichte der Apps oder Ihre eigenen Aufzeichnungen ansehen und folgende Fragen beantworten:

- Wie viel Zeit verbringe ich täglich an digitalen Geräten?
- Welche Apps oder Websites beanspruchen die meiste Zeit?
- Wie oft unterbreche ich meine Arbeit oder Freizeit für „kurze" digitale Interaktionen?

Persönliches Beispiel: Max und sein Aha-Moment

Max, ein 34-jähriger Marketingmanager, war überzeugt, dass er sein Smartphone „nur gelegentlich" nutzte. Er führte eine Woche lang ein Nutzungstagebuch und stellte fest, dass er sein Smartphone im Durchschnitt 80 Mal am Tag entsperrte – oft nur, um kurz durch soziale Medien zu scrollen. Überraschenderweise verbrachte er täglich fast 2 Stunden auf Instagram, was er vorher gar nicht bemerkt hatte.

Nach dieser Erkenntnis entschied Max, feste Offline-Zeiten einzuführen, um seinen Fokus zu verbessern und Zeit für andere Aktivitäten zu schaffen.

Reflexion am Ende der Woche

Die Beobachtungsphase ist eine entscheidende Grundlage für den weiteren Erfolg Ihres Digital Detox. Sie bietet Ihnen wertvolle Einsichten in Ihre aktuellen Gewohnheiten und zeigt Ihnen, wo Sie ansetzen können.

Fragen zur Reflexion:

- Was habe ich über meinen Umgang mit digitalen Geräten gelernt?
- Welche Gewohnheiten möchte ich in den nächsten Wochen bewusst ändern?
- Gibt es Zeiten oder Apps, die ich als „Zeitfresser" identifiziert habe?

Tipp: Notieren Sie Ihre Erkenntnisse und Ziele für die kommenden Wochen. Diese Reflexion wird Ihnen helfen, motiviert zu bleiben und bewusste Entscheidungen zu treffen.

Digitale "Stressauslöser" identifizieren

Nachdem Sie Ihre digitalen Gewohnheiten in der ersten Woche analysiert haben, liegt der Fokus nun darauf, spezifische **„Stressauslöser"** zu erkennen. Diese Auslöser sind Apps, Plattformen oder Situationen, die bei Ihnen Stress, Überforderung oder Ablenkung verursachen. Ziel ist es, diese Stressfaktoren zu identifizieren und gezielt Strategien zu entwickeln, um sie zu reduzieren.

1. Welche Apps, Plattformen oder Situationen erzeugen Stress?

Wie Stress durch digitale Geräte entsteht

Stress im Umgang mit digitalen Geräten entsteht häufig durch:

- **Ständige Unterbrechungen:** Benachrichtigungen, E-Mails oder Anrufe, die Ihre Aufmerksamkeit immer wieder stören.

- **Informationsflut:** Zu viele Nachrichten oder Inhalte auf Plattformen wie E-Mail, Social Media oder News-Apps.

- **Vergleiche:** Auf sozialen Medien vergleichen wir uns oft mit anderen, was Druck und Unzufriedenheit auslösen kann.

- **Unerledigte Aufgaben:** Lesezeichen, E-Mails oder unvollendete Chats erzeugen das Gefühl, nie „fertig" zu sein.

Identifikation von Stressauslösern – Schritt-für-Schritt-Anleitung

1. **Analysieren Sie Ihre Apps und Plattformen:** Gehen Sie Ihre Bildschirmzeit-Statistiken oder Nutzungstagebücher durch und notieren Sie:
    - Welche Apps oder Plattformen nutzen Sie am häufigsten?

- Welche davon fühlen sich produktiv an? Welche erzeugen eher Stress oder ein negatives Gefühl?

2. **Fragen Sie sich bei jeder App oder Plattform:**

    - Löst die Nutzung dieser App Freude oder Stress aus?
    - Muss ich diese App wirklich nutzen oder tue ich es aus Gewohnheit?
    - Wie fühle ich mich, wenn ich die App schließe (erleichtert, gestresst, unzufrieden)?

3. **Beobachten Sie bestimmte Situationen:**

    - Gibt es bestimmte Tageszeiten, zu denen Sie sich besonders gestresst fühlen (z. B. durch morgendliche E-Mails oder abendliche Benachrichtigungen)?
    - Werden Sie von bestimmten digitalen Aufgaben überfordert (z. B. Beantworten von Nachrichten oder ständiges Überprüfen von Terminen)?

Beispiele für häufige digitale Stressauslöser

1. **Soziale Medien:**

    - Der Druck, auf Kommentare oder Nachrichten zu antworten.
    - Negatives Gefühl durch ständige Vergleiche mit anderen.

2. **Berufliche Apps (E-Mail, Slack, Teams):**

    - Unklare Prioritäten durch eine Flut an Aufgaben.

- Das Gefühl, immer sofort reagieren zu müssen.

3. **News-Apps:**
   - Stress durch eine endlose Flut von Nachrichten oder negativen Schlagzeilen.

4. **Online-Shopping-Plattformen:**
   - Impulsives Kaufen oder Zeitverlust durch das ständige Durchsuchen von Angeboten.

Beispiel:
Miriam, eine 36-jährige Marketingmanagerin, stellte bei der Analyse ihrer Gewohnheiten fest, dass sie morgens direkt nach dem Aufwachen ihre E-Mails checkte. Diese Routine löste Stress aus, da sie sich oft noch vor dem Frühstück mit dringenden Anfragen konfrontiert sah.

2. Strategien zur Reduktion der Stressfaktoren

Wie Sie digitale Stressauslöser entschärfen

Die Identifikation von Stressauslösern ist nur der erste Schritt. Nun geht es darum, gezielte Maßnahmen zu ergreifen, um diese zu reduzieren oder ganz zu eliminieren.

Strategien für häufige digitale Stressfaktoren

1. **Reduzieren Sie Benachrichtigungen:**
   - **Schalten Sie Push-Benachrichtigungen ab** für Social Media, Nachrichten-Apps und andere Plattformen, die nicht zeitkritisch sind.
   - Behalten Sie nur Benachrichtigungen für wirklich wichtige Apps (z. B. Kalender).

2. **Setzen Sie klare Zeiten für E-Mails und berufliche Apps:**

- Legen Sie feste Zeiten für das Abrufen und Beantworten von E-Mails fest (z. B. morgens und nachmittags).
- Aktivieren Sie den „Nicht stören"-Modus außerhalb der Arbeitszeit.

3. **Einschränkung sozialer Medien:**
   - Installieren Sie eine App, die Ihre Zeit auf sozialen Plattformen begrenzt, z.B. Forest oder StayFree.
   - Legen Sie „Offline-Zeiten" fest, in denen Sie bewusst keine sozialen Medien nutzen (z. B. während der Mahlzeiten).

4. **Schaffen Sie digitale Freiräume:**
   - Definieren Sie bestimmte Räume in Ihrem Zuhause (z. B. Schlafzimmer) oder Zeiten (z. B. die erste Stunde nach dem Aufstehen), in denen digitale Geräte tabu sind.
   - Nutzen Sie Alternativen: Statt Nachrichten-Apps können Sie morgens ein Buch lesen oder meditieren.

5. **Priorisieren Sie Ihre Aufgaben:**
   - Nutzen Sie ein Task-Management-System, um die wichtigsten Aufgaben klar zu strukturieren. Apps wie Todoist oder Notion können hier helfen.
   - Setzen Sie sich ein tägliches Ziel, wie z. B. nur auf die drei wichtigsten E-Mails zu antworten.

Beispiele für Umsetzungen

1. **Soziale Medien entstressen:** Anna, 29, reduzierte ihre Nutzung von Instagram, indem sie die App auf ihrem

Smartphone deinstallierte und nur noch über den Browser zugriff. Dadurch wurde der Zugang weniger bequem, und ihre Nutzungszeit reduzierte sich drastisch.

2. **E-Mail-Flut eindämmen:** Tobias, 42, ein IT-Consultant, legte zwei feste Zeiten für das Abrufen seiner beruflichen E-Mails fest: um 10 Uhr und um 15 Uhr. Er aktivierte außerhalb dieser Zeiten die Benachrichtigungsfunktion nicht mehr, was ihm half, konzentrierter zu arbeiten.

3. **Offline-Zonen schaffen:** Melanie, 37, verbannte alle Geräte aus dem Schlafzimmer und führte ein abendliches Ritual ein: eine halbe Stunde Lesen vor dem Schlafengehen. Nach zwei Wochen berichtete sie von besserem Schlaf und einem entspannteren Start in den Tag.

Reflexion: Was hat sich verändert?

Nach einer Woche der Identifikation und ersten Reduktion Ihrer digitalen Stressfaktoren sollten Sie Ihre Erfahrungen reflektieren:

- Welche Apps oder Plattformen erzeugen bei mir den meisten Stress?
- Welche Strategien haben mir geholfen, diese zu entschärfen?
- Wie hat sich mein Stresslevel verändert?

Diese Erkenntnisse werden die Grundlage für die kommenden Wochen sein, in denen Sie weitere Techniken lernen, um Ihren digitalen Alltag langfristig zu verbessern.

Fazit:
Die Identifikation von digitalen Stressauslösern ist ein essenzieller Schritt, um bewusster mit digitalen Geräten umzugehen. Mit den richtigen Strategien können Sie diese

Stressfaktoren entschärfen und Raum für mehr Entspannung und Produktivität schaffen.

Erste kleine Veränderungen vornehmen

Nach der Beobachtung Ihrer digitalen Gewohnheiten und der Identifikation von Stressauslösern geht es nun darum, erste konkrete Maßnahmen umzusetzen. Diese kleinen Veränderungen sollen Ihnen helfen, Ihre Nutzung von digitalen Geräten bewusster zu gestalten, Stress zu reduzieren und mehr Kontrolle über Ihre Zeit zu gewinnen.

Die folgenden Schritte sind einfach, aber wirkungsvoll und legen die Grundlage für die weiteren Phasen Ihres Digital Detox.

1. Push-Benachrichtigungen deaktivieren

Warum Benachrichtigungen Stress erzeugen

Push-Benachrichtigungen gehören zu den größten digitalen Ablenkungen. Jedes Mal, wenn eine Nachricht, ein Like oder eine Erinnerung erscheint, wird Ihre Aufmerksamkeit unterbrochen. Studien zeigen, dass allein die Erwartung einer Benachrichtigung die Konzentration senken kann.

Benachrichtigungen lösen einen Reflex aus: Wir greifen sofort zum Smartphone, auch wenn es uns aus der eigentlichen Tätigkeit reißt. Die Folge ist, dass wir häufiger „kontextwechseln" und es länger dauert, wieder in einen fokussierten Zustand zurückzufinden.

Wie Sie Benachrichtigungen reduzieren

1. **Schalten Sie Push-Benachrichtigungen gezielt ab:**
   - Deaktivieren Sie Benachrichtigungen für Social-Media-Apps, Nachrichten-Apps, Spiele und andere nicht zeitkritische Anwendungen.

- Lassen Sie nur Benachrichtigungen für wirklich wichtige Apps aktiviert, wie z. B. den Kalender oder Anrufe.

Beispiel:

- Auf einem iPhone: Einstellungen > Mitteilungen > Wählen Sie die App aus > „Mitteilungen erlauben" deaktivieren.
- Auf Android: Einstellungen > Apps & Benachrichtigungen > App auswählen > Benachrichtigungen deaktivieren.

2. **Nutzen Sie den „Nicht stören"-Modus:**

    - Aktivieren Sie diesen Modus zu festen Zeiten, z. B. während der Arbeit oder vor dem Schlafengehen.
    - Sie können Ausnahmen für wichtige Kontakte oder Anrufe einrichten.

3. **Benachrichtigungen bündeln:**

    - Viele Smartphones bieten die Möglichkeit, Benachrichtigungen nur zu bestimmten Zeiten gesammelt anzuzeigen, z. B. morgens und abends.

Beispiel aus der Praxis:

Lena, eine 30-jährige Juristin, stellte fest, dass sie durch die ständigen Benachrichtigungen von WhatsApp und Instagram mehrfach pro Stunde abgelenkt wurde. Nach dem Deaktivieren der Push-Benachrichtigungen nutzte sie ihr Smartphone nur noch gezielt, wenn sie selbst nach neuen Nachrichten schauen wollte. Dadurch konnte sie sich besser auf ihre Arbeit konzentrieren und fühlte sich weniger gestresst.

2. Feste Zeiten für E-Mails und Social Media einrichten

Warum feste Zeiten helfen

E-Mails und soziale Medien gehören zu den größten Zeitfressern im digitalen Alltag. Viele Berufstätige verbringen unverhältnismäßig viel Zeit damit, E-Mails zu checken oder durch Social-Media-Feeds zu scrollen – oft ohne klare Notwendigkeit. Indem Sie feste Zeiten für diese Aktivitäten festlegen, gewinnen Sie Kontrolle zurück und vermeiden unnötige Ablenkungen.

Schritte zur Umsetzung

1. **Definieren Sie feste Zeitfenster für E-Mails:**
   - Entscheiden Sie, wie oft Sie E-Mails abrufen möchten. Für viele Berufstätige reichen zwei bis drei feste Zeitfenster pro Tag, z. B. morgens, mittags und nachmittags.
   - Schalten Sie außerhalb dieser Zeiten E-Mail-Benachrichtigungen ab.

Beispiel:
   - Checken Sie E-Mails nur von 10:00 bis 10:30 Uhr und von 15:00 bis 15:30 Uhr. Kommunizieren Sie diese Zeiten klar an Kollegen und Kunden, damit sie wissen, wann sie mit einer Antwort rechnen können.

2. **Setzen Sie Grenzen für Social Media:**
   - Bestimmen Sie, wann und wie lange Sie soziale Medien nutzen möchten.
   - Nutzen Sie Apps wie Forest, StayFree oder AppBlock, um Ihre Zeit auf Social-Media-Plattformen zu begrenzen.

Beispiel:

- Erlauben Sie sich, Social Media nur während der Mittagspause oder am Abend für 30 Minuten zu nutzen.

3. **Etablieren Sie Offline-Zeiten:**

    - Schaffen Sie bewusst Phasen, in denen Sie komplett offline sind – z. B. die erste Stunde nach dem Aufwachen oder die letzte Stunde vor dem Schlafengehen.

    - Diese Zeiten können Sie für andere Aktivitäten nutzen, wie Lesen, Meditieren oder einen Spaziergang.

Beispiel aus der Praxis:

Jonas, ein 40-jähriger Architekt, fühlte sich durch das ständige Abrufen von E-Mails überfordert. Er legte zwei feste Zeitfenster fest: morgens um 10 Uhr und nachmittags um 16 Uhr. Außerhalb dieser Zeiten öffnete er sein E-Mail-Programm nicht mehr. Innerhalb weniger Tage bemerkte er, dass er fokussierter arbeiten konnte und weniger von dringenden, aber nicht wichtigen Anfragen abgelenkt wurde.

Reflexion: Was hat sich verändert?

Nach der Einführung dieser kleinen Veränderungen sollten Sie sich bewusst Zeit nehmen, um Ihre Fortschritte zu reflektieren:

- Haben Sie sich durch das Abschalten von Benachrichtigungen weniger gestresst gefühlt?

- Konnten Sie Ihre Aufmerksamkeit besser auf Ihre Aufgaben oder Aktivitäten lenken?

- Wie hat sich Ihre Beziehung zu digitalen Geräten verändert?

Fragen zur Selbstbeobachtung:

- Welche Maßnahmen haben am besten funktioniert?
- Gab es Momente, in denen Sie versucht waren, die alten Gewohnheiten wieder aufzunehmen?
- Was könnten Sie in der nächsten Woche noch verbessern?

Fazit: Kleine Schritte, große Wirkung

Die ersten Veränderungen, wie das Deaktivieren von Push-Benachrichtigungen und das Einrichten fester Zeitfenster, sind essenziell, um die Kontrolle über Ihre digitale Nutzung zurückzugewinnen. Diese Maßnahmen schaffen Freiräume für Fokus, Produktivität und Erholung – und legen eine starke Basis für die kommenden Wochen Ihres Digital Detox.

Woche 2: Digitale Grenzen setzen

Arbeitszeit und Freizeit trennen

Die klare Trennung von Arbeitszeit und Freizeit ist im digitalen Zeitalter eine der größten Herausforderungen – besonders, wenn berufliche E-Mails, Chat-Apps und digitale Tools auch nach Feierabend verfügbar sind. Das Fehlen dieser Grenzen kann zu Stress, Erschöpfung und einem Gefühl ständiger Überforderung führen. In dieser Woche setzen wir den Fokus darauf, digitale Grenzen zu schaffen, um Ihre Work-Life-Balance zu verbessern.

Warum sind digitale Grenzen wichtig?

Ohne klare Trennung zwischen Arbeit und Privatleben verschmilzt beides zu einem undefinierten Zustand, in dem Sie nie wirklich „aus" sind. Dieses Gefühl, immer erreichbar sein zu müssen, erhöht das Stresslevel und verhindert die notwendige Erholung nach der Arbeit.

Negative Folgen fehlender Grenzen

- **Stress und Burnout:** Die ständige Erreichbarkeit führt dazu, dass Sie sich nie vollständig entspannen können.

- **Beeinträchtigte Beziehungen:** Wenn berufliche Anfragen die Freizeit dominieren, leiden persönliche Beziehungen zu Familie und Freunden.

- **Schlechte Produktivität:** Wer nie richtig abschaltet, riskiert langfristig Konzentrationsprobleme und sinkende Leistungsfähigkeit.

Tipps für klare digitale Grenzen zwischen Arbeit und Privatleben

1. Klare Arbeitszeiten definieren

Eine der effektivsten Methoden, um digitale Grenzen zu setzen, ist die Definition klarer Arbeitszeiten. Dies bedeutet, dass Sie nur innerhalb eines festgelegten Zeitrahmens beruflich erreichbar sind.

Wie Sie das umsetzen können:

1. **Arbeitszeiten bewusst kommunizieren:** Informieren Sie Ihre Kolleg:innen, Vorgesetzten und Kund:innen über Ihre Arbeitszeiten. Dies schafft Transparenz und klare Erwartungen.

    - Beispiel: „Ich bin von Montag bis Freitag zwischen 9:00 und 18:00 Uhr erreichbar. Nachrichten außerhalb dieser Zeiten beantworte ich am nächsten Arbeitstag."

2. **Digitale Werkzeuge nutzen:**

    - **E-Mail-Autoantworten:** Nutzen Sie automatische Antworten, um außerhalb Ihrer Arbeitszeit auf eingehende Nachrichten zu reagieren.

        - Beispiel: „Vielen Dank für Ihre Nachricht. Ich bin aktuell außerhalb meiner Arbeitszeit und werde Ihnen am nächsten Werktag antworten."

    - **Status-Updates in Team-Apps:** Plattformen wie Slack oder Microsoft Teams bieten die Möglichkeit, Ihren Status als „abwesend" zu markieren.

3. **Arbeitsgeräte bewusst abschalten:**

- Stellen Sie Ihren beruflichen Laptop und Ihr Diensthandy nach Feierabend oder am Wochenende aus.

2. Berufliche Apps und E-Mails beschränken

Viele Berufstätige neigen dazu, auch nach Feierabend berufliche E-Mails oder Nachrichten zu überprüfen – oft aus Gewohnheit oder dem Wunsch, „nichts zu verpassen". Diese Gewohnheit zu durchbrechen, ist essenziell für die Trennung von Arbeit und Freizeit.

Strategien zur Begrenzung beruflicher Apps:

1. **Push-Benachrichtigungen deaktivieren:**
   - Schalten Sie Push-Benachrichtigungen für berufliche Apps wie E-Mail, Slack oder Teams außerhalb der Arbeitszeit aus.

2. **E-Mail-Zeitfenster festlegen:**
   - Checken Sie berufliche E-Mails nur zu festen Zeiten während der Arbeitszeit.
   - Vermeiden Sie es, E-Mails vor dem Frühstück oder nach dem Abendessen zu lesen.

3. **Privates und Berufliches trennen:**
   - Nutzen Sie getrennte Geräte für private und berufliche Zwecke, wenn möglich.
   - Falls Sie ein Gerät für beides nutzen, erstellen Sie separate Benutzerprofile oder Konten, um die Arbeits-Apps nach Feierabend auszublenden.

3. Digitale Rituale für den Feierabend einführen

Rituale helfen dabei, bewusst von der Arbeitszeit in den Feierabend zu wechseln. Diese Übergänge signalisieren Ihrem Gehirn, dass die Arbeit für heute abgeschlossen ist, und erleichtern das Abschalten.

Vorschläge für Feierabend-Rituale:

1. **Digitale Geräte abschalten:**
   - Stellen Sie alle beruflichen Geräte nach Feierabend aus oder legen Sie sie in eine Schublade, um der Versuchung zu widerstehen, sie erneut zu nutzen.

2. **Räumliche Trennung schaffen:**
   - Arbeiten Sie möglichst nicht im Schlafzimmer oder an Orten, die Sie mit Entspannung verbinden.
   - Wenn Sie im Homeoffice arbeiten, verlassen Sie den Arbeitsbereich nach Feierabend bewusst.

3. **Aktive Entspannung:**
   - Planen Sie direkt nach der Arbeit eine Aktivität ein, die nichts mit digitalen Geräten zu tun hat, z. B. einen Spaziergang, Sport oder ein Abendessen mit der Familie.

Beispiel:
Daniela, eine 45-jährige Projektleiterin, schließt ihren Laptop jeden Abend um 18 Uhr und legt ihr Smartphone in eine Box. Danach geht sie mit ihrem Hund spazieren, um den Tag hinter sich zu lassen und den Abend entspannt zu beginnen.

4. Offline-Zeiten einplanen

Regelmäßige Offline-Zeiten fördern die mentale Erholung und helfen, die Trennung von Arbeit und Freizeit zu stärken.

Wie Sie Offline-Zeiten umsetzen:

1. **Feste Zeiten ohne digitale Geräte:**
   - Legen Sie bestimmte Zeitfenster fest, in denen Sie keine digitalen Geräte nutzen, z. B. während des Abendessens oder die letzte Stunde vor dem Schlafengehen.

2. **Wochenend-Regeln aufstellen:**
   - Definieren Sie den Samstag oder Sonntag als arbeitsfreien Tag, an dem keine beruflichen E-Mails gelesen oder beantwortet werden.

3. **Technikfreie Zonen einrichten:**
   - Schaffen Sie in Ihrem Zuhause technikfreie Bereiche, z. B. das Schlafzimmer oder den Esstisch.

Beispiel: Der Digital Detox von Jan

Jan, 38, arbeitet als Teamleiter in einem IT-Unternehmen. Durch die ständige Nutzung von Slack und E-Mails hatte er das Gefühl, nie wirklich abzuschalten. Nach einer Überlastung entschied er sich, klare digitale Grenzen zu setzen:

1. Er schaltete alle beruflichen Benachrichtigungen nach 18 Uhr aus.

2. Er schuf eine „Offline-Zone" im Schlafzimmer und nutzte stattdessen einen Wecker, um sein Smartphone nachts aus dem Raum zu verbannen.

3. Er führte ein Feierabend-Ritual ein: Jeden Abend um 19 Uhr machte er eine halbstündige Jogginrunde, um den Arbeitstag hinter sich zu lassen.

Das Ergebnis: Jan fühlte sich entspannter, produktiver und genoss seine Freizeit mehr, ohne ständig an die Arbeit erinnert zu werden.

Reflexion: Was hat sich durch die Grenzen verändert?

Am Ende dieser Woche sollten Sie prüfen, wie sich die Einführung digitaler Grenzen auf Ihren Alltag ausgewirkt hat:

- Haben Sie mehr Erholung und Ruhe in Ihrer Freizeit gefunden?
- Fiel es Ihnen schwer, Ihre Grenzen einzuhalten?
- Wie hat sich Ihre Beziehung zu digitalen Geräten verändert?

Fragen zur Reflexion:

- Welche Grenzen haben am besten funktioniert?
- Gab es Momente, in denen Sie versucht waren, Ihre Grenzen zu überschreiten?
- Welche zusätzlichen Maßnahmen könnten Sie umsetzen, um die Trennung von Arbeit und Freizeit weiter zu stärken?

Fazit:
Das Setzen digitaler Grenzen zwischen Arbeit und Freizeit ist ein entscheidender Schritt, um Ihre mentale Gesundheit zu schützen und eine bessere Work-Life-Balance zu schaffen. Diese kleinen, bewussten Maßnahmen fördern nicht nur Ihre

Erholung, sondern auch Ihre langfristige Zufriedenheit und Produktivität.

Handyfreie Zonen einrichten

Handys und andere digitale Geräte sind ständige Begleiter in unserem Alltag. Doch ihre allgegenwärtige Präsenz beeinträchtigt oft unsere Konzentration, unsere Beziehungen und unsere Fähigkeit, wirklich abzuschalten. In diesem Abschnitt erfahren Sie, wie Sie durch das Einrichten **handyfreier Zonen** bewusste „Offline-Inseln" schaffen – sowohl zu Hause als auch am Arbeitsplatz. Diese Zonen fördern Entspannung, Konzentration und echte zwischenmenschliche Interaktionen.

Warum handyfreie Zonen wichtig sind

Handys sorgen für ständige Ablenkung. Schon die bloße Anwesenheit eines Smartphones kann die Qualität von Gesprächen, die Konzentration und den Genuss von Aktivitäten beeinträchtigen. Studien zeigen, dass Menschen, die regelmäßig handyfreie Bereiche schaffen, weniger gestresst und produktiver sind.

Vorteile handyfreier Zonen:

- **Bessere zwischenmenschliche Beziehungen:** Ohne Ablenkungen durch das Handy können Sie intensiver mit Familie, Freunden oder Kollegen interagieren.

- **Mehr Erholung und Entspannung:** Handyfreie Zonen helfen, den Geist von ständigen Reizen zu befreien.

- **Erhöhte Konzentration:** Ohne digitale Geräte fällt es leichter, sich auf Aufgaben oder Gespräche zu fokussieren.

Zuhause: Handyfreie Zonen einrichten

Das Zuhause sollte ein Ort der Ruhe und Regeneration sein. Indem Sie bestimmte Bereiche oder Zeiten „handyfrei" gestalten, schaffen Sie Raum für echte Erholung und bewusstes Leben.

1. Kein Handy im Schlafzimmer

Warum das wichtig ist:

- Die Nutzung des Smartphones vor dem Schlafengehen beeinträchtigt die Schlafqualität. Das blaue Licht der Bildschirme hemmt die Produktion des Schlafhormons Melatonin, wodurch das Einschlafen schwerer fällt.
- Das Scrollen durch soziale Medien oder Nachrichten kann geistige Unruhe verursachen und Sie gedanklich nicht abschalten lassen.

Tipps für eine handyfreie Zone im Schlafzimmer:

1. **Wecker statt Handy:**
    - Nutzen Sie einen analogen Wecker anstelle Ihres Smartphones, um den Weckruf zu übernehmen. So vermeiden Sie, morgens direkt aufs Handy zu schauen.

2. **Abendrituale statt Bildschirmzeit:**
    - Lesen Sie ein Buch, schreiben Sie in ein Tagebuch oder meditieren Sie, um Ihren Tag bewusst zu beenden.

3. **Laden Sie Ihr Handy außerhalb des Schlafzimmers:**
    - Platzieren Sie Ihr Smartphone über Nacht in einem anderen Raum, z. B. in der Küche oder im Wohnzimmer.

2. Kein Handy beim Essen

Warum das wichtig ist:

- Studien zeigen, dass Menschen, die während des Essens auf Bildschirme schauen, weniger achtsam essen und weniger mit ihren Mitmenschen kommunizieren.
- Gemeinsame Mahlzeiten sind eine Gelegenheit für echte Gespräche und stärken die familiären Beziehungen.

Tipps für handyfreie Mahlzeiten:

1. **Regel aufstellen:**
    - Legen Sie als Familie oder Haushalt eine klare Regel fest: „Beim Essen gibt es keine Handys am Tisch."
2. **Handy-Parkplatz einrichten:**
    - Definieren Sie einen festen Ort, z. B. eine Schale oder Box, in der alle ihr Smartphone während der Mahlzeit ablegen.
3. **Achtsamkeit fördern:**
    - Konzentrieren Sie sich auf das Essen und die Gespräche. Nehmen Sie bewusst wahr, was Sie essen, und genießen Sie den Moment.

3. Kein Handy in der Freizeit

Warum das wichtig ist:

- Freizeit ist wertvoll und sollte mit Aktivitäten gefüllt sein, die Ihnen Energie geben – sei es ein Hobby, Zeit mit der Familie oder Bewegung an der frischen Luft. Handys stören diese Momente oft.

Tipps für handyfreie Freizeitaktivitäten:

1. **Aktive Alternativen wählen:**
    - Anstatt Freizeit mit dem Smartphone zu verbringen, suchen Sie nach alternativen

Aktivitäten wie Sport, Kreativität oder Gesprächen.

2. **Digitale Detox-Zeiten einplanen:**

   - Legen Sie regelmäßige Zeiten fest, in denen das Handy ausgeschaltet oder außer Sichtweite ist, z. B. an Wochenenden oder abends.

3. **Gemeinsame handyfreie Rituale:**

   - Führen Sie gemeinsam mit Ihrer Familie oder Freunden Aktivitäten ein, die bewusst ohne Handys stattfinden, z. B. Spieleabende oder Spaziergänge.

Beispiel:
Die Familie Schneider führte einen „digitalfreien Sonntag" ein. An diesem Tag wurden Handys und Tablets bis zum Abendessen beiseitegelegt. Stattdessen verbrachte die Familie den Tag mit Spielen, Kochen und gemeinsamen Spaziergängen – und erlebte dadurch intensivere Verbindungen.

Arbeitsplatz: Bewusst Pausen einlegen, in denen digitale Geräte nicht genutzt werden

Auch am Arbeitsplatz können handyfreie Zeiten und Zonen zu mehr Konzentration, Produktivität und Wohlbefinden führen. Besonders Pausen sind wichtig, um sich zu regenerieren – doch viele Menschen verbringen sie stattdessen mit ihrem Smartphone.

1. Digitale Pausenräume schaffen

Warum das wichtig ist:

- Pausen, die ohne Bildschirme verbracht werden, fördern die Entspannung und die Fähigkeit, sich nach der Pause besser zu konzentrieren.

- Das ständige Checken von E-Mails oder Nachrichten während der Pausen verhindert die mentale Erholung.

Tipps für handyfreie Pausen am Arbeitsplatz:

1. **Pausenzeiten bewusst gestalten:**
   - Verbringen Sie Ihre Pausen bewusst ohne Smartphone. Gehen Sie spazieren, trinken Sie in Ruhe einen Kaffee oder machen Sie leichte Dehnübungen.

2. **Gemeinschaft fördern:**
   - Nutzen Sie Pausen, um mit Kolleg:innen offline ins Gespräch zu kommen. Das stärkt das Teamgefühl und schafft echte Verbindungen.

3. **Handyfreie Pausenräume einrichten:**
   - Wenn möglich, schaffen Sie in Ihrem Unternehmen einen Raum, der bewusst als handyfreie Zone genutzt wird – etwa für Entspannung oder Gespräche.

2. Konzentration durch handyfreie Arbeitsblöcke

Warum das wichtig ist:

- Smartphones und digitale Geräte sind nicht nur in Pausen, sondern auch während der Arbeit oft eine Quelle von Ablenkung. Handyfreie Arbeitsblöcke fördern den Fokus und verhindern ständige Unterbrechungen.

Tipps für konzentrierte Arbeitsblöcke:

1. **Pomodoro-Technik anwenden:**
   - Arbeiten Sie für 25 Minuten ohne Unterbrechungen und gönnen Sie sich dann eine kurze Pause. Während dieser Zeit bleibt das Smartphone außer Reichweite.

2. **Handy in die Schublade legen:**

- Platzieren Sie Ihr Smartphone während der Arbeit außerhalb Ihres Sichtfelds, um Versuchungen zu vermeiden.

3. **Benachrichtigungen deaktivieren:**
   - Schalten Sie Benachrichtigungen während der Arbeitszeit vollständig ab, um den Fokus nicht zu verlieren.

Beispiel:
Maximilian, ein Softwareentwickler, begann, sein Handy während der Arbeit in den Flugmodus zu versetzen und es in einer Schublade aufzubewahren. Dies ermöglichte ihm, ungestört an Projekten zu arbeiten, und steigerte seine Produktivität deutlich.

Reflexion: Handyfreie Zonen im Alltag

Nach einer Woche mit handyfreien Zonen sollten Sie reflektieren, welche Veränderungen Sie bemerkt haben:

- Haben Sie sich in den handyfreien Zonen entspannter oder produktiver gefühlt?
- Welche Herausforderungen gab es, und wie können Sie diese in Zukunft meistern?
- Wie haben sich Ihre Beziehungen zu anderen (z. B. Familie oder Kollegen) verändert?

Fragen zur Reflexion:

- Wo fällt es mir am schwersten, auf das Handy zu verzichten?
- Welche handyfreien Zonen möchte ich langfristig beibehalten?
- Wie kann ich andere dazu inspirieren, ebenfalls handyfreie Zeiten einzuführen?

Fazit: Bewusst offline sein

Handyfreie Zonen sind eine einfache, aber wirkungsvolle Möglichkeit, sich von der digitalen Überlastung zu befreien. Sie fördern nicht nur Ihre Erholung und Konzentration, sondern stärken auch Ihre Beziehungen und schaffen Raum für bewusstes Leben. Mit diesen neuen Gewohnheiten schaffen Sie eine Grundlage für langfristige digitale Balance.

Der digitale Feierabend

Ein digitaler Feierabend ist ein bewusster Abschluss des Arbeitstages, bei dem Sie digitale Geräte beiseitelegen und sich Aktivitäten widmen, die Erholung und Ausgleich schaffen. Statt nach der Arbeit weiter durch E-Mails, soziale Medien oder Nachrichten zu scrollen, können Rituale helfen, gedanklich abzuschalten und den Feierabend aktiv zu genießen.

Warum ist ein digitaler Feierabend wichtig?

Die Arbeit endet heute oft nicht mehr mit dem Verlassen des Büros. Berufliche E-Mails, Chat-Nachrichten und soziale Medien begleiten uns bis in den Abend – ein Zustand, der Erholung verhindert und langfristig Stress und Überforderung begünstigt.

Ein digitaler Feierabend schafft:

- **Klare Grenzen zwischen Arbeit und Freizeit:** So können Sie abschalten und gedanklich zur Ruhe kommen.
- **Zeit für Erholung und persönliche Aktivitäten:** Statt auf Bildschirme zu starren, haben Sie mehr Raum für Familie, Hobbys und Entspannung.

- **Verbesserte Schlafqualität:** Weniger Bildschirmzeit, besonders am Abend, fördert besseren Schlaf und Erholung.

Rituale für den Feierabend ohne Bildschirmzeit

1. Den Arbeitstag bewusst abschließen

Ein klarer Abschluss des Arbeitstages hilft, den Übergang zur Freizeit zu gestalten. Digitale Geräte und Aufgaben sollten bewusst „verabschiedet" werden.

Schritte für einen bewussten Arbeitsabschluss:

1. **E-Mails und Aufgabenliste überprüfen:**
   - Beenden Sie den Arbeitstag, indem Sie Ihre E-Mails ein letztes Mal checken und offene Aufgaben notieren, die am nächsten Tag bearbeitet werden. So vermeiden Sie das Gefühl, etwas vergessen zu haben.

2. **Laptop und Arbeitsgeräte wegräumen:**
   - Schließen Sie Ihren Laptop und legen Sie ihn außer Sichtweite. Wenn Sie im Homeoffice arbeiten, verlassen Sie den Arbeitsbereich bewusst.

3. **Digital Detox ankündigen:**
   - Informieren Sie Ihre Kollegen über Ihre Feierabendzeiten, z. B. durch einen Status in Team-Apps („Nicht erreichbar").

Beispiel:
Lena, eine 42-jährige Projektmanagerin, beendet ihren Arbeitstag, indem sie ihre Aufgabenliste aktualisiert und ihren Laptop um 18:00 Uhr in eine Tasche packt. Danach schaltet sie ihr Diensthandy in den Flugmodus.

2. Offline-Aktivitäten planen

Ein erfolgreicher digitaler Feierabend gelingt am besten, wenn Sie sich bewusst offline Aktivitäten widmen, die Entspannung oder Freude bringen.

Vorschläge für offline Abendrituale:

1. **Bewegung und Sport:**
   - Machen Sie einen Spaziergang, gehen Sie joggen oder besuchen Sie einen Yoga-Kurs. Körperliche Aktivität hilft, den Stress des Arbeitstags abzubauen.

2. **Zeit mit Familie und Freunden:**
   - Planen Sie Aktivitäten mit Ihren Liebsten, wie gemeinsames Kochen, Brettspiele oder einen Abendspaziergang.

3. **Kreative Hobbys:**
   - Widmen Sie sich einer kreativen Tätigkeit, z. B. Malen, Schreiben, Handarbeiten oder Musizieren.

4. **Achtsamkeit und Entspannung:**
   - Probieren Sie Meditation, Atemübungen oder progressive Muskelentspannung aus, um den Geist zur Ruhe zu bringen.

Beispiel:
Max, ein 34-jähriger IT-Spezialist, schaltet nach der Arbeit sein Smartphone aus und verbringt die erste Stunde seines Feierabends damit, mit seiner Tochter Lego zu bauen. Danach macht er einen kurzen Lauf im Park, bevor er das Abendessen vorbereitet.

3. Einen digitalen Cut setzen

Am Abend ist es besonders wichtig, die Nutzung digitaler Geräte zu minimieren, um besser abzuschalten und den Schlaf nicht zu beeinträchtigen.

Tipps für einen abendlichen Digital Detox:

1. **Bildschirmfreie Zeit vor dem Schlafengehen:**
   - Schalten Sie mindestens eine Stunde vor dem Schlafengehen alle digitalen Geräte aus. Nutzen Sie die Zeit für offline Aktivitäten wie Lesen oder Tagebuchschreiben.

2. **Schlafzimmer als handyfreie Zone:**
   - Platzieren Sie Ihr Smartphone außerhalb des Schlafzimmers und nutzen Sie einen analogen Wecker.

3. **Nachrichten und E-Mails vermeiden:**
   - Lesen Sie keine beruflichen E-Mails oder Nachrichten mehr nach Feierabend. Negative oder belastende Inhalte können die Gedanken kreisen lassen.

Beispiel:
Marie, 29, Designerin, beendet ihren Tag mit einem analogen Buch und einer Tasse Tee. Ihr Smartphone bleibt währenddessen in der Küche. So kann sie besser abschalten und schläft entspannter ein.

4. Den Abend bewusst genießen

Ein digitaler Feierabend sollte sich an Ihren persönlichen Vorlieben orientieren. Wählen Sie Aktivitäten, die Sie entspannen und auf die Sie sich freuen.

Inspirierende Abendrituale:

- **Dankbarkeitstagebuch führen:** Schreiben Sie am Ende des Tages drei Dinge auf, für die Sie dankbar sind.

- **Musik hören:** Erstellen Sie eine Playlist mit ruhiger oder inspirierender Musik, die Ihnen hilft, den Tag hinter sich zu lassen.

- **Entspannung in der Natur:** Verbringen Sie Zeit auf dem Balkon, im Garten oder bei einem kurzen Abendspaziergang.

Beispiel: Caros digitaler Feierabend

Caro, 38, arbeitet als Teamleiterin in einem großen Unternehmen. Nach der Arbeit fiel es ihr oft schwer, abzuschalten – sie checkte noch spät berufliche E-Mails und scrollte durch soziale Medien. Dies führte zu Schlafproblemen und Stress.

Nach einer bewussten Umstellung führt sie jetzt jeden Abend ein Ritual ein:

1. Um 18:30 Uhr beendet sie ihren Arbeitstag, indem sie eine To-Do-Liste für den nächsten Tag schreibt.
2. Danach schaltet sie alle beruflichen Geräte aus und geht mit ihrem Hund spazieren.
3. Der Abend gehört ihrer Familie: Sie kocht mit ihrem Partner, liest eine Geschichte für ihre Kinder und genießt einen bildschirmfreien Abend mit einem Buch oder einer kleinen kreativen Tätigkeit.

Das Ergebnis: Caro fühlt sich entspannter, schläft besser und genießt ihre Freizeit intensiver.

Reflexion: Was hat sich verändert?

Am Ende der Woche mit einem digitalen Feierabend sollten Sie reflektieren, wie sich diese Veränderung auf Ihren Alltag auswirkt:

- Fühlen Sie sich entspannter und erholter?

- Welche Rituale haben Ihnen besonders geholfen, abzuschalten?
- Welche digitalen Gewohnheiten wollen Sie weiter reduzieren?

Fragen zur Selbstreflexion:

- Wie oft habe ich meinen Feierabend tatsächlich ohne Bildschirmzeit verbracht?
- Welche Aktivitäten haben mir besonders gutgetan?
- Wie kann ich meine Rituale langfristig in den Alltag integrieren?

Fazit: Ein digitaler Feierabend für mehr Balance

Der digitale Feierabend ist ein kraftvoller Schritt, um Stress abzubauen und Freizeit aktiv zu genießen. Durch Rituale und bewusste offline Aktivitäten schaffen Sie klare Grenzen zwischen Arbeit und Erholung und fördern Ihre mentale und körperliche Gesundheit.

Woche 3: Fokus und Produktivität steigern

Zeitmanagement mit der Pomodoro-Technik

Fokus und Produktivität gehören zu den zentralen Zielen eines Digital Detox. Eine effektive Methode, um konzentriert zu arbeiten und Ablenkungen zu minimieren, ist die **Pomodoro-Technik**. Dieses Zeitmanagement-Tool hilft Ihnen, Ihre Arbeit in klar strukturierte Intervalle zu unterteilen und bewusst Pausen einzulegen. Die Technik fördert nicht nur Ihre Konzentration, sondern beugt auch mentaler Erschöpfung vor.

Was ist die Pomodoro-Technik?

Die Pomodoro-Technik wurde in den 1980er-Jahren von Francesco Cirillo entwickelt. Der Name „Pomodoro" (italienisch für Tomate) stammt von der tomatenförmigen Küchenuhr, die Cirillo zur Zeitmessung verwendete.

Die Methode basiert auf einem einfachen Prinzip:

- Arbeiten Sie **25 Minuten lang konzentriert an einer Aufgabe** (ein „Pomodoro").
- Machen Sie anschließend eine **kurze Pause von 5 Minuten**.
- Nach vier Pomodoro-Einheiten folgt eine längere Pause von **15–30 Minuten**.

Diese Struktur hilft, den Fokus zu steigern und mentale Ermüdung zu verhindern.

Wie funktioniert die Pomodoro-Technik?

1. Aufgaben planen und priorisieren

Bevor Sie mit der Pomodoro-Technik starten, legen Sie fest, welche Aufgaben Sie bearbeiten möchten. Schreiben Sie eine Liste mit klar definierten To-Dos.

Beispiel für eine Aufgabenliste:

- E-Mails beantworten (2 Pomodoros).
- Präsentation erstellen (4 Pomodoros).
- Bericht überarbeiten (2 Pomodoros).

Tipp: Zerlegen Sie größere Aufgaben in kleinere, konkrete Schritte. So bleiben Sie motiviert und sehen schnell Fortschritte.

2. Arbeiten in 25-Minuten-Intervallen

Stellen Sie einen Timer auf **25 Minuten**. Während dieser Zeit konzentrieren Sie sich ausschließlich auf die ausgewählte Aufgabe.

Regeln für die 25 Minuten:

- Schalten Sie alle Ablenkungen aus (z. B. Benachrichtigungen auf dem Smartphone oder Computer).
- Arbeiten Sie fokussiert an Ihrer Aufgabe, ohne zwischen anderen Tätigkeiten zu wechseln.
- Wenn Sie an eine andere Aufgabe denken, notieren Sie diese, um sich später darum zu kümmern.

Tipp: Nutzen Sie Tools wie **TomatoTimer**, **Focus Booster** oder die Pomodoro-Funktion in Apps wie **Toggl** oder **Notion**, um die Intervalle zu verfolgen.

3. Pausen bewusst nutzen

Nach jedem 25-Minuten-Intervall machen Sie eine **Pause von 5 Minuten**. Diese Zeit ist wichtig, um den Geist zu entspannen und Energie für die nächste Arbeitsphase zu tanken.

Was Sie in den Pausen tun können:

- Stehen Sie auf, strecken Sie sich oder machen Sie leichte Dehnübungen.
- Holen Sie sich ein Glas Wasser oder einen Kaffee.

- Blicken Sie aus dem Fenster oder machen Sie eine kurze Atemübung.

Wichtig: Vermeiden Sie es, während der Pause digitale Geräte zu nutzen – das kann den Erholungseffekt mindern.

4. Längere Pausen nach vier Pomodoros

Nach vier Arbeitseinheiten (100 Minuten) folgt eine **längere Pause von 15–30 Minuten**. Diese Pause dient dazu, den Kopf frei zu bekommen und neue Energie für den nächsten Arbeitsblock zu sammeln.

Ideen für längere Pausen:

- Gehen Sie an die frische Luft und machen Sie einen Spaziergang.
- Meditieren Sie für 10 Minuten.
- Hören Sie entspannende Musik oder lesen Sie ein paar Seiten eines Buchs.

Vorteile der Pomodoro-Technik

1. **Steigerung des Fokus:**
   - Das Arbeiten in kurzen Intervallen hilft, sich besser auf eine Aufgabe zu konzentrieren. Die begrenzte Zeit motiviert, Ablenkungen zu vermeiden.

2. **Vermeidung von Erschöpfung:**
   - Regelmäßige Pausen verhindern, dass Sie sich überarbeiten, und fördern langfristig die Produktivität.

3. **Bessere Zeiteinteilung:**
   - Durch die Einteilung in 25-Minuten-Intervalle können Sie Ihren Tag klar strukturieren und Fortschritte besser einschätzen.

4. **Reduktion von Prokrastination:**
   - Der Timer schafft ein Gefühl von Dringlichkeit, wodurch es leichter fällt, mit der Arbeit zu beginnen.
5. **Flexibilität:**
   - Die Technik kann an jede Art von Aufgabe und Arbeitsstil angepasst werden – ob im Büro, im Homeoffice oder beim Lernen.

Beispiel: So sieht ein Arbeitstag mit der Pomodoro-Technik aus

Morgen:

- **9:00–9:25:** Präsentation vorbereiten (Pomodoro 1).
- **9:30–9:55:** Präsentation weiter bearbeiten (Pomodoro 2).
- **10:00–10:05:** 5-Minuten-Pause: Kaffee holen und kurz aufstehen.
- **10:05–10:30:** E-Mails beantworten (Pomodoro 3).
- **10:35–11:00:** Bericht korrigieren (Pomodoro 4).
- **11:00–11:30:** 30-Minuten-Pause: Spaziergang machen.

Nachmittag:

- **13:00–13:25:** Konzept schreiben (Pomodoro 5).
- **13:30–13:55:** Konzept weiterentwickeln (Pomodoro 6).
- **14:00–14:05:** 5-Minuten-Pause: Dehnen und entspannen.

Häufige Herausforderungen und Lösungen

1. Problem: Sie werden während der 25 Minuten abgelenkt.

- **Lösung:** Schalten Sie alle Benachrichtigungen aus, aktivieren Sie den „Nicht stören"-Modus oder nutzen Sie Fokus-Apps wie **Focus@Will** oder **Freedom**.

2. Problem: Sie fühlen sich in den Pausen unproduktiv.

- **Lösung:** Nutzen Sie die Pausen bewusst, um Energie zu tanken – etwa durch Bewegung, Entspannung oder Achtsamkeitsübungen.

3. Problem: Sie überschätzen die Anzahl der Pomodoros, die Sie an einem Tag schaffen können.

- **Lösung:** Planen Sie realistisch. Beginnen Sie mit einer überschaubaren Anzahl von Einheiten und passen Sie Ihre Planung an Ihre tatsächliche Arbeitsgeschwindigkeit an.

Reflexion: Wie hat die Pomodoro-Technik geholfen?

Am Ende der Woche sollten Sie überprüfen, wie die Pomodoro-Technik Ihre Produktivität und Ihren Fokus beeinflusst hat:

- Konnten Sie Ihre Aufgaben besser strukturieren?
- Haben die Pausen Ihnen geholfen, konzentriert zu bleiben?
- Fühlten Sie sich weniger gestresst oder überfordert?

Fragen zur Reflexion:

- Welche Aufgaben lassen sich besonders gut mit der Pomodoro-Technik bearbeiten?
- Welche Rituale in den Pausen waren besonders hilfreich?
- Möchten Sie die Technik langfristig beibehalten?

Fazit: Produktiver Arbeiten mit der Pomodoro-Technik

Die Pomodoro-Technik ist ein einfaches, aber wirkungsvolles Werkzeug, um Ihre Zeit besser zu nutzen und Ablenkungen zu minimieren. Sie fördert den Fokus, hilft bei der Stressbewältigung und steigert die Qualität Ihrer Arbeit. Kombiniert mit weiteren Strategien aus Ihrem Digital Detox-Plan, ist sie ein wichtiger Baustein für mehr Produktivität und Balance im Alltag.

Apps, die dich produktiver machen

Der bewusste Umgang mit digitalen Geräten ist eine der wichtigsten Maßnahmen, um Fokus und Produktivität zu steigern. Dabei können digitale Tools und Apps tatsächlich ein wertvoller Helfer sein – vorausgesetzt, sie werden gezielt eingesetzt, um Ihre Zeit besser zu organisieren und Ablenkungen zu minimieren. In diesem Abschnitt stelle ich Ihnen **Fokus-Apps, Zeitblocker und Produktivitäts-Tools** vor, die Sie dabei unterstützen, Ihre digitale Nutzung effektiver und bewusster zu gestalten.

Warum digitale Tools deine Produktivität unterstützen können

Obwohl digitale Geräte oft als Ablenkung empfunden werden, können sie auch dabei helfen, Zeit effizient zu nutzen und Arbeitsprozesse zu vereinfachen. Apps und Tools für Zeitmanagement und Konzentration:

- **Minimieren Ablenkungen:** Sie helfen, unproduktive Apps oder Websites zu blockieren.

- **Strukturieren deinen Tag:** Sie ermöglichen es, Aufgaben zu planen und priorisieren.

- **Fördern den Fokus:** Sie unterstützen dich dabei, bei einer einzigen Aufgabe zu bleiben.

Empfohlene Tools und Apps für Fokus und Produktivität

1. Fokus-Apps: Ablenkungen minimieren und Konzentration fördern

Forest – Stay Focused

- **Wie es funktioniert:** Forest ist eine spielerische Fokus-App, die Sie dazu motiviert, Ihr Smartphone beiseitezulegen. Jedes Mal, wenn Sie die App starten, pflanzen Sie einen virtuellen Baum. Wenn Sie das Smartphone während der Fokuszeit nicht nutzen, wächst der Baum. Unterbrechen Sie den Fokus, „stirbt" der Baum.

- **Geeignet für:** Menschen, die gerne spielerische Elemente nutzen, um sich zu motivieren.
- **Plattformen:** iOS, Android.

Focus@Will

- **Wie es funktioniert:** Diese App bietet speziell komponierte Musik, die Ihre Konzentration steigern soll. Sie können aus verschiedenen Musikstilen wählen, die wissenschaftlich optimiert wurden, um Ablenkungen zu minimieren.
- **Geeignet für:** Menschen, die durch Musik besser in den Flow kommen.
- **Plattformen:** iOS, Android, Web.

Serene

- **Wie es funktioniert:** Serene ist ein umfassendes Fokus-Tool, das Arbeitsblöcke plant, ablenkende Websites blockiert und Pausen einrichtet. Es kombiniert die Pomodoro-Technik mit Zeitmanagement-Funktionen.
- **Geeignet für:** Nutzer:innen, die eine All-in-One-Lösung suchen.
- **Plattformen:** MacOS.

2. Zeitblocker-Apps: Deinen Tag besser planen

Toggl Track

- **Wie es funktioniert:** Toggl hilft Ihnen, Ihre Zeit zu tracken und herauszufinden, wie viel Zeit Sie für verschiedene Aufgaben aufwenden. Sie können Projekte definieren, Zeitlimits setzen und Berichte erstellen.

- **Geeignet für:** Menschen, die ihre Zeit effizienter nutzen und analysieren möchten.
- **Plattformen:** iOS, Android, Web.

TimeBloc

- **Wie es funktioniert:** Diese App erlaubt es Ihnen, Ihren Tag in Blöcke zu unterteilen. Sie können Zeitfenster für Arbeit, Pausen, Freizeit und andere Aktivitäten einplanen und Benachrichtigungen erhalten, wenn es Zeit ist, zur nächsten Aufgabe zu wechseln.
- **Geeignet für:** Nutzer:innen, die klare Strukturen in ihrem Alltag brauchen.
- **Plattformen:** iOS, Android.

Google Kalender

- **Wie es funktioniert:** Der Google Kalender ist ein Klassiker, um Zeitfenster zu blockieren und Aufgaben zu organisieren. Sie können Fokuszeiten, Meetings und persönliche Aktivitäten eintragen und Benachrichtigungen einrichten.
- **Geeignet für:** Alle, die ein vielseitiges, kostenloses Planungstool suchen.
- **Plattformen:** iOS, Android, Web.

3. Tools für digitale Balance: Screen Time-Tracking und Blocker

Freedom

- **Wie es funktioniert:** Freedom blockiert ablenkende Websites und Apps auf Ihrem Computer oder Smartphone. Sie können „Sitzungen" einrichten, in denen bestimmte Apps oder Webseiten gesperrt bleiben.

- **Geeignet für:** Menschen, die viel Zeit am Computer oder Smartphone verbringen und sich leicht ablenken lassen.
- **Plattformen:** iOS, Android, Windows, MacOS.

StayFree

- **Wie es funktioniert:** StayFree zeigt Ihnen, wie viel Zeit Sie auf bestimmten Apps verbringen, und hilft Ihnen, Limits für diese Apps festzulegen. Sie können auch Warnungen einrichten, wenn Sie Ihre geplante Nutzungszeit überschreiten.
- **Geeignet für:** Menschen, die ihre Bildschirmzeit analysieren und reduzieren möchten.
- **Plattformen:** Android.

Screen Time (iOS) / Digitales Wohlbefinden (Android)

- **Wie es funktioniert:** Beide Funktionen sind standardmäßig in Smartphones integriert und bieten detaillierte Berichte über Ihre Bildschirmzeit. Sie können App-Limits festlegen und den Fokusmodus aktivieren, um Ablenkungen zu minimieren.
- **Geeignet für:** Nutzer:innen, die ein einfaches, integriertes Tool ohne zusätzliche Apps suchen.

Wie du die Apps effektiv nutzt

1. Identifiziere deine Hauptprobleme:

- Verlierst du viel Zeit durch unproduktive Apps?
- Fällt es dir schwer, deinen Fokus zu halten?
- Benötigst du bessere Strukturen für deinen Arbeitstag?

Wähle die App(s), die deine spezifischen Herausforderungen am besten adressieren.

2. Setze klare Ziele:

- Begrenzen Sie die Zeit für soziale Medien auf 30 Minuten pro Tag.
- Planen Sie jeden Arbeitstag mit Zeitblockern.
- Schalten Sie Benachrichtigungen während der Fokuszeiten ab.

3. Integrieren Sie die Tools in Ihren Alltag:

- Starten Sie Ihren Tag mit einer App wie TimeBloc, um Ihre Aufgaben zu planen.
- Nutzen Sie eine Fokus-App wie Forest, um Ablenkungen während der Arbeit zu vermeiden.
- Tracken Sie Ihre Fortschritte mit Tools wie Toggl oder StayFree.

Beispiel: Produktiver Arbeitstag mit Apps

1. **8:30 Uhr:** Starten Sie mit TimeBloc oder Google Kalender, um Ihren Tag zu planen.
2. **9:00–9:25 Uhr:** Aktivieren Sie Forest für eine konzentrierte Arbeitsphase (Pomodoro-Technik).
3. **10:00 Uhr:** Nutzen Sie StayFree, um Ihre Social-Media-Zeit für den Tag zu begrenzen.
4. **14:00 Uhr:** Blockieren Sie mit Freedom ablenkende Websites während eines wichtigen Projekts.
5. **17:00 Uhr:** Analysieren Sie mit Toggl, wie viel Zeit Sie produktiv genutzt haben.

Reflexion: Welche Apps haben geholfen?

Nach einigen Tagen mit diesen Tools sollten Sie reflektieren, welche Apps Ihnen geholfen haben und welche möglicherweise überflüssig sind:

- Welche App hat Ihre Produktivität am meisten gefördert?
- Konnten Sie Ablenkungen reduzieren?
- Haben Sie Ihre Arbeitszeit besser strukturieren können?

Fragen zur Reflexion:

- Welche App möchte ich langfristig in meinen Alltag integrieren?
- Gibt es Apps, die mir eher Stress als Erleichterung bringen?
- Welche zusätzlichen Funktionen könnte ich ausprobieren?

Fazit: Digitale Tools für bewusste Nutzung und mehr Fokus

Die richtige Auswahl und Nutzung von Apps kann Ihre Produktivität steigern, Ablenkungen minimieren und helfen, einen bewussteren Umgang mit digitalen Geräten zu entwickeln. Kombiniert mit anderen Maßnahmen Ihres Digital Detox können diese Tools Ihre Arbeit und Freizeit strukturieren und Ihnen dabei helfen, Ihre Ziele zu erreichen.

Analoge Alternativen entdecken

Digitale Tools wie Apps, Kalender und To-Do-Listen sind praktische Helfer – doch sie können auch zu einer Flut von Informationen und Benachrichtigungen führen, die Stress verursachen. Analoge Alternativen, wie ein Notizbuch oder ein physischer Kalender, bieten eine einfache Möglichkeit, sich von digitalen Geräten zu lösen und trotzdem produktiv zu bleiben. Dieser Abschnitt zeigt, wie Sie analoge Werkzeuge nutzen können, um Ihren Alltag bewusster und strukturierter zu gestalten.

Warum analoge Alternativen hilfreich sind

Die Rückkehr zu analogen Methoden wie einem Notizbuch oder einem physischen Kalender kann Ihnen helfen:

- **Den Fokus zu steigern:** Ohne Bildschirm bleibt Ihre Aufmerksamkeit auf die Aufgabe gerichtet, ohne Ablenkungen durch Benachrichtigungen oder Apps.
- **Kreativität zu fördern:** Das Schreiben von Hand kann kreative Prozesse anregen und hilft, Gedanken klarer zu formulieren.
- **Stress zu reduzieren:** Analoge Methoden schaffen eine Pause von der digitalen Welt und bieten eine willkommene Abwechslung.
- **Das Gedächtnis zu verbessern:** Studien zeigen, dass handschriftliche Notizen Informationen besser im Gedächtnis verankern als digitale Notizen.

Wie analoge Alternativen deine Arbeit digital ersetzen können

1. Das klassische Notizbuch

Ein Notizbuch ist ein vielseitiges Werkzeug, das Sie für Aufgabenlisten, Brainstorming oder Projektskizzen verwenden können.

Anwendungsmöglichkeiten:

1. **To-Do-Listen:**
   - Notieren Sie Ihre täglichen Aufgaben auf einer Seite. Streichen Sie erledigte Punkte durch, um Fortschritte sichtbar zu machen.
   - Tipp: Verwenden Sie Symbole wie Kästchen (□) für Aufgaben, Pfeile (→) für verschobene Punkte und Kreise (○) für Ideen.

2. **Brainstorming:**
   - Nutzen Sie Ihr Notizbuch, um Gedanken frei zu skizzieren, Mindmaps zu erstellen oder Ideen für Projekte festzuhalten.

3. **Tagebuch für Reflexionen:**
   - Halten Sie am Ende des Arbeitstages fest, was gut gelaufen ist, welche Herausforderungen Sie hatten und was Sie morgen verbessern möchten.

Vorteile:

- Keine Ablenkungen durch Benachrichtigungen.
- Flexibilität: Sie können Ihre Notizen so strukturieren, wie es für Sie am besten passt.
- Haptik: Das Gefühl des Schreibens kann beruhigend und motivierend wirken.

Beispiel:
Sarah, eine Marketingmanagerin, ersetzt ihre digitale To-Do-App durch ein Notizbuch. Jeden Morgen plant sie ihre wichtigsten

Aufgaben und nutzt bunte Marker, um Prioritäten zu markieren. Das Durchstreichen abgeschlossener Punkte gibt ihr ein Erfolgserlebnis, ohne dass sie von neuen Benachrichtigungen gestört wird.

2. Der analoge Kalender

Ein physischer Kalender – sei es ein Wandkalender, ein Tischkalender oder ein Taschenplaner – kann eine einfache und effektive Alternative zu digitalen Kalender-Apps sein.

Anwendungsmöglichkeiten:

1. **Tägliche Planung:**

   - Tragen Sie Ihre Termine, Meetings und Aufgaben für den Tag ein. Nutzen Sie Farben oder Symbole, um Prioritäten zu kennzeichnen.

2. **Wochenübersicht:**

   - Planen Sie Ihre Woche im Voraus, indem Sie feste Zeitfenster für Arbeit, Freizeit und Pausen blockieren.

3. **Langfristige Planung:**

   - Nutzen Sie den Kalender, um Ziele oder Deadlines zu verfolgen.

Vorteile:

- Visuelle Klarheit: Sie sehen Ihre Termine auf einen Blick, ohne zwischen Apps wechseln zu müssen.

- Einfachheit: Kein Einloggen, keine Updates, kein Akku nötig.

- Persönliche Gestaltung: Sie können den Kalender nach Ihren Wünschen anpassen und dekorieren.

Beispiel:
Jonas, ein selbstständiger Grafikdesigner, verwendet einen

Tischkalender, um seine Projekte zu planen. Jeder Kunde erhält eine eigene Farbe, sodass er auf einen Blick erkennt, wie seine Woche aussieht.

3. Post-it-Notizen und Whiteboards

Für spontane Gedanken oder visuelle Organisation sind Post-it-Notizen und Whiteboards hervorragende analoge Werkzeuge.

Anwendungsmöglichkeiten:

1. **Ideen festhalten:**
    - Schreiben Sie spontane Einfälle oder Ideen auf Post-its und platzieren Sie diese an einem gut sichtbaren Ort, z. B. an einem Whiteboard oder der Wand.

2. **Projektmanagement:**
    - Nutzen Sie ein Whiteboard, um Aufgaben in Kategorien wie „To Do", „In Arbeit" und „Erledigt" zu sortieren. Verschieben Sie die Post-its je nach Fortschritt.

3. **Tägliche Ziele:**
    - Schreiben Sie Ihre drei wichtigsten Aufgaben des Tages auf und kleben Sie sie an Ihren Arbeitsplatz.

Vorteile:

- Visuelle Struktur: Aufgaben und Ideen bleiben sichtbar.
- Flexibilität: Post-its lassen sich leicht verschieben und neu sortieren.
- Einfachheit: Ideal für schnelle Gedanken oder kurze Notizen.

Beispiel:
Linda, eine Teamleiterin, nutzt ein Whiteboard mit Post-its, um

ihre Aufgaben zu priorisieren. Am Ende jeder Woche entfernt sie alle erledigten Aufgaben – ein sichtbarer Fortschritt, der motiviert.

Tipps für den Umstieg auf analoge Alternativen

1. **Finden Sie das richtige Format:**
   - Bevorzugen Sie ein großes Notizbuch für umfangreiche Notizen oder einen kleinen Planer für unterwegs? Wählen Sie das Format, das zu Ihrem Arbeitsstil passt.

2. **Gestalten Sie Ihre analogen Tools persönlich:**
   - Verwenden Sie bunte Stifte, Marker oder Aufkleber, um Ihre Notizen und Kalender ansprechend zu gestalten.

3. **Kombinieren Sie analog und digital:**
   - Nutzen Sie analoge Alternativen für die tägliche Planung und Kreativität, und digitale Tools für langfristige Projekte oder Teamarbeit.

4. **Bleiben Sie konsequent:**
   - Gewöhnen Sie sich an, Ihre analogen Werkzeuge täglich zu nutzen. Der Erfolg liegt in der regelmäßigen Anwendung.

Reflexion: Welche analogen Alternativen passen zu dir?

Am Ende der Woche können Sie überprüfen, welche analogen Methoden Ihnen geholfen haben:

- Hat das Schreiben von Hand Ihre Konzentration verbessert?
- Haben Sie sich produktiver oder weniger gestresst gefühlt?

- Welche Werkzeuge möchten Sie langfristig in Ihren Alltag integrieren?

Fragen zur Reflexion:

- Welche analogen Tools haben Ihnen am meisten Spaß gemacht?
- Wurden Ihre Aufgaben durch den Einsatz von analogen Methoden klarer strukturiert?
- Möchten Sie digitale und analoge Methoden kombinieren?

Fazit: Die Kraft der analogen Alternativen

Analoge Alternativen wie Notizbücher, Kalender und Whiteboards sind nicht nur einfache Werkzeuge, sondern auch eine Möglichkeit, den digitalen Alltag bewusster und stressfreier zu gestalten. Sie fördern Kreativität, Konzentration und Entspannung – und schaffen eine digitale Pause, die langfristig zu mehr Balance beiträgt.

Woche 4: Nachhaltige Gewohnheiten entwickeln

Digitale Pausen einplanen

Digitale Geräte sind aus unserem Alltag nicht wegzudenken, aber ihre ständige Nutzung kann zu Erschöpfung von Augen und Geist führen. Eine bewusste Pause von Bildschirmen – sei es der Computer, das Smartphone oder der Fernseher – ist essenziell, um die mentale Leistungsfähigkeit und die Augengesundheit zu erhalten. Die **20-20-20-Regel** bietet eine einfache und effektive Methode, regelmäßige Unterbrechungen in den Alltag zu integrieren.

Warum digitale Pausen wichtig sind

1. Entlastung der Augen

Das stundenlange Starren auf Bildschirme kann zu **digitaler Augenbelastung** führen, auch bekannt als „Computer Vision Syndrome". Typische Symptome sind:

- Trockene oder gereizte Augen.
- Kopfschmerzen.
- Verschwommenes Sehen.
- Verspannungen im Nacken- und Schulterbereich.

2. Förderung der Konzentration

Ohne Pausen sinkt mit der Zeit die Konzentration, und Fehler schleichen sich leichter ein. Regelmäßige Unterbrechungen helfen, die mentale Erschöpfung zu reduzieren und die Produktivität zu steigern.

3. Reduktion von Stress

Kurze Pausen bieten Ihrem Geist die Möglichkeit, sich zu entspannen und neue Energie zu tanken, was langfristig das Stresslevel senkt.

Die 20-20-20-Regel: Einfach, effektiv, gesund

Was ist die 20-20-20-Regel?

Die Regel ist eine bewährte Methode, um digitale Augenbelastung zu reduzieren. Sie lautet:

- **Alle 20 Minuten**: Blicken Sie von Ihrem Bildschirm weg.
- **Für 20 Sekunden**: Fixieren Sie einen Punkt in mindestens **6 Metern (20 Fuß)** Entfernung.
- **So oft wie möglich**: Wiederholen Sie dies während Ihrer Bildschirmarbeit.

Dieser kurze Wechsel des Blicks entspannt die Augenmuskulatur, reduziert die Anstrengung und beugt Müdigkeit vor.

So setzen Sie die 20-20-20-Regel um

1. **Erinnerungen einrichten:**
    - Stellen Sie einen Timer auf Ihrem Handy, Computer oder mit einer App ein, um alle 20 Minuten an die Pause erinnert zu werden.
    - Tools wie **Stretchly, Eyeleo** oder **Awareness** können Sie dabei unterstützen, regelmäßige Pausen einzulegen.

2. **Den Blick gezielt schweifen lassen:**
    - Suchen Sie ein Fenster, einen Baum oder einen anderen Punkt in der Ferne, auf den Sie Ihren Blick richten können.

3. **Pausen aktiv nutzen:**

- Ergänzen Sie die 20-Sekunden-Pause mit einer kleinen Bewegung, wie Schulterkreisen oder einem kurzen Aufstehen, um auch den Körper zu entlasten.

Zusätzliche digitale Pausen für Augen und Geist

1. Blinkpausen einlegen

Beim Arbeiten am Bildschirm blinzeln Menschen oft seltener, was zu trockenen Augen führt. Eine bewusste Erinnerung, regelmäßig zu blinzeln, kann Abhilfe schaffen.

Tipp:

- Blinzeln Sie während Ihrer 20-Sekunden-Pause bewusst 10-15 Mal, um die Augen zu befeuchten.

2. Technikfreie Mini-Pausen integrieren

Neben der 20-20-20-Regel können Sie längere, bildschirmfreie Pausen in Ihren Arbeitsalltag einplanen.

Beispiel für einen Pausenplan:

- **Alle 90 Minuten:** 10 Minuten weg vom Bildschirm – machen Sie einen Spaziergang, trinken Sie ein Glas Wasser oder dehnen Sie sich.

- **Mittagspause:** Verzichten Sie auf das Scrollen durch soziale Medien und essen Sie bewusst, ohne digitale Ablenkung.

3. Augenübungen für Entspannung

Palmieren (Handflächen-Entspannung):

- Reiben Sie Ihre Hände, bis sie warm sind, und legen Sie sie sanft auf Ihre geschlossenen Augen.

- Atmen Sie tief durch und entspannen Sie Ihre Augen für 30 Sekunden.

Augenrollen:

- Rollen Sie Ihre Augen langsam im Uhrzeigersinn und dann gegen den Uhrzeigersinn. Dies fördert die Durchblutung und entspannt die Augenmuskulatur.

Beispiel: Tagesplan mit der 20-20-20-Regel

Vormittag:

- **9:00 Uhr – Arbeitsstart**: Konzentriertes Arbeiten am Computer.
- **9:20 Uhr – Erste 20-20-20-Pause**: Blick aus dem Fenster, kurze Schulterdehnungen.
- **9:40 Uhr – Nächste Pause**: 20 Sekunden auf einen Punkt in der Ferne schauen.

Mittag:

- **12:00 Uhr – Mittagspause**: Spaziergang an der frischen Luft, Handy bleibt auf dem Schreibtisch.

Nachmittag:

- **14:00 Uhr – Konzentration stärken**: Alle 20 Minuten eine kurze Blickpause einlegen.
- **15:30 Uhr – Lange Pause**: 10 Minuten Entspannung mit Augenübungen.

Tools und Hilfsmittel für digitale Pausen

1. **Eyeleo (Windows):**
    - Diese Software erinnert Sie daran, regelmäßig Pausen einzulegen, und bietet Übungen zur Entspannung der Augen.
2. **Stretchly (Windows, Mac, Linux):**

- Ein Pausen-Timer, der Ihnen kurze und lange Pausen vorschlägt, basierend auf Ihrer Arbeitszeit.

3. **Awareness (Windows, Mac):**
   - Diskrete Erinnerungen für regelmäßige Pausen und Dehnübungen.

4. **Toggl Track oder TimeBloc:**
   - Planen Sie Ihre Arbeits- und Pausenzeiten mit diesen Zeitmanagement-Tools.

Reflexion: Wie helfen digitale Pausen?

Am Ende dieser Woche sollten Sie prüfen, wie sich die 20-20-20-Regel und andere Pausen auf Ihre Gesundheit und Produktivität ausgewirkt haben:

- Haben Sie weniger Augenbelastung bemerkt?
- Fühlen Sie sich nach den Pausen konzentrierter?
- Haben Sie es geschafft, die Pausen konsequent einzuhalten?

Fragen zur Reflexion:

- Welche Art von Pausen hat Ihnen am meisten geholfen?
- Haben Sie bestimmte Herausforderungen erlebt (z. B. das Ignorieren der Pausenerinnerungen)?
- Wie können Sie die 20-20-20-Regel langfristig in Ihren Arbeitsalltag integrieren?

Fazit: Erholung für Augen und Geist

Die 20-20-20-Regel und andere digitale Pausen sind einfache, aber effektive Strategien, um die Belastung durch Bildschirme zu reduzieren und Ihre Gesundheit zu fördern. Sie helfen nicht nur dabei, die Konzentration zu bewahren, sondern sorgen auch für mehr Energie und Wohlbefinden – ein entscheidender Schritt für langfristige digitale Balance.

Regelmäßiger Digital Detox im Alltag

Nach einem Monat Digital Detox haben Sie gelernt, bewusster mit digitalen Geräten umzugehen und deren Nutzung besser zu kontrollieren. Um diese neuen Gewohnheiten langfristig beizubehalten, ist es hilfreich, **regelmäßige Offline-Zeiten** in den Alltag zu integrieren. Ein Abend oder ein ganzes Wochenende ohne Bildschirm kann Wunder wirken, um den Geist zu erfrischen, Stress abzubauen und sich auf das Wesentliche zu konzentrieren.

Warum sind regelmäßige Offline-Zeiten wichtig?

1. Geistige Entlastung und Stressabbau

Bildschirmfreie Zeit gibt Ihrem Gehirn die Möglichkeit, sich von der ständigen Informationsflut zu erholen. Ohne digitale Ablenkungen können Sie sich auf Aktivitäten konzentrieren, die Entspannung und Freude bringen.

2. Tiefere zwischenmenschliche Verbindungen

Offline-Zeiten fördern echte Gespräche und gemeinsame Erlebnisse mit Familie und Freunden. Ohne die Ablenkung durch Smartphones können Beziehungen intensiver gepflegt werden.

3. Förderung von Kreativität und Achtsamkeit

In Momenten ohne digitale Geräte haben Sie Raum, kreative Ideen zu entwickeln oder sich voll und ganz auf den Moment zu konzentrieren.

4. Prävention von Überlastung

Regelmäßige Digital Detox-Zeiten können helfen, die negativen Folgen ständiger Erreichbarkeit – wie Stress und Schlafprobleme – langfristig zu reduzieren.

Wöchentliche Offline-Zeiten einplanen

1. Ein Abend pro Woche ohne Bildschirm

Wie Sie beginnen können:

1. **Wählen Sie einen festen Tag:**
   - Legen Sie einen Abend fest, an dem Sie bewusst offline sind – z. B. jeden Mittwoch oder Freitag.
   - Informieren Sie Familie, Freunde und ggf. Kolleg:innen, dass Sie an diesem Abend nicht erreichbar sind.

2. **Schaffen Sie ein Ritual:**
   - Verknüpfen Sie den bildschirmfreien Abend mit einer Aktivität, auf die Sie sich freuen – z. B. Kochen, Lesen oder einem Spieleabend mit der Familie.

3. **Bereiten Sie sich vor:**
   - Schalten Sie Ihre Geräte aus oder legen Sie sie außer Sichtweite.
   - Nutzen Sie stattdessen analoge Alternativen wie Bücher, Brettspiele oder kreative Hobbys.

Beispiel:

Anna, 36, hat den Mittwochabend als Offline-Abend eingeführt. Nach der Arbeit legt sie ihr Smartphone in eine Box und verbringt den Abend mit ihrer Familie. Gemeinsam kochen sie, spielen ein Brettspiel und lesen vor dem Schlafengehen.

2. Ein Wochenende ohne Bildschirm

Ein ganzes Wochenende ohne Bildschirm bietet die Möglichkeit, tiefer abzuschalten und sich vollständig von digitalen Geräten zu lösen.

Wie Sie ein Offline-Wochenende gestalten können:

1. **Planung ist der Schlüssel:**

- Informieren Sie Freunde, Familie und berufliche Kontakte im Voraus, dass Sie an diesem Wochenende offline sein werden.
- Planen Sie Aktivitäten, die keinen Bildschirm erfordern, wie Wandern, Malen oder einen Ausflug.

2. **Geräte außer Reichweite legen:**

- Verstauen Sie Ihre digitalen Geräte in einer Schublade oder Box, damit Sie nicht in Versuchung geraten.
- Nutzen Sie einen analogen Wecker, um Ihr Smartphone nicht als Uhr zu benötigen.

3. **Konzentrieren Sie sich auf analoge Freuden:**

- Verbringen Sie Zeit in der Natur.
- Genießen Sie bewusst Zeit mit Familie und Freunden.
- Nehmen Sie sich Zeit für Hobbys oder das Lesen eines Buches.

Beispiel:

Tobias, 42, und seine Partnerin Lisa verbringen regelmäßig ein Offline-Wochenende im Monat. Sie machen Wanderungen in der Umgebung, kochen gemeinsam neue Gerichte und spielen abends Karten. Tobias berichtet, dass er sich nach diesen Wochenenden erfrischt und gestärkt fühlt – sowohl mental als auch emotional.

Tipps für einen erfolgreichen Digital Detox im Alltag

1. Offline-Zonen einrichten:

Definieren Sie bestimmte Räume oder Zeiten, in denen digitale Geräte tabu sind – z. B. das Schlafzimmer, der Esstisch oder der Sonntagvormittag.

2. Aktivitäten vorab planen:

Legen Sie vor Ihrem Offline-Zeitraum fest, welche Aktivitäten Sie stattdessen machen möchten. Das hilft, die Zeit sinnvoll zu nutzen und Langeweile zu vermeiden.

3. Kleine Schritte beginnen:

Wenn ein ganzes Wochenende offline überwältigend erscheint, starten Sie mit einem halben Tag oder einigen Stunden und steigern Sie sich schrittweise.

4. Fokus auf die Vorteile:

Denken Sie an die positiven Effekte: mehr Zeit für Familie, bessere Konzentration, weniger Stress und tiefere Erholung.

Beispiel: Wochenstruktur mit Offline-Zeiten

Montag–Freitag:

- **20:00–21:00 Uhr:** Bildschirmfreie Stunde vor dem Schlafengehen.

Mittwochabend:

- **Komplett offline ab 18:00 Uhr:** Gemeinsames Kochen und Spielen mit der Familie.

Samstag:

- **9:00–15:00 Uhr:** Wandertag in der Natur ohne Smartphone.

Sonntagabend:

- **17:00–21:00 Uhr:** Offline-Zeit mit einem kreativen Hobby oder Entspannungsübungen.

Reflexion: Wie helfen wöchentliche Offline-Zeiten?

Am Ende der Woche sollten Sie Ihre Erfahrungen mit den Offline-Zeiten reflektieren:

- Fühlten Sie sich nach dem Abend oder Wochenende ohne Bildschirm erholter?
- Welche Aktivitäten haben Ihnen am meisten Freude bereitet?
- Welche Herausforderungen gab es, und wie könnten Sie diese beim nächsten Mal lösen?

Fragen zur Reflexion:

- Welche regelmäßigen Offline-Zeiten möchte ich beibehalten?
- Wie kann ich andere motivieren, sich mir anzuschließen?
- Habe ich neue Hobbys oder Aktivitäten entdeckt, die ich weiterhin offline genießen möchte?

Fazit: Digital Detox in den Alltag integrieren

Regelmäßige Offline-Zeiten sind ein kraftvoller Weg, um die Vorteile eines Digital Detox langfristig in den Alltag zu integrieren. Sie fördern Ihre mentale und körperliche Gesundheit, stärken Ihre Beziehungen und schaffen Raum für bewusste Erlebnisse. Beginnen Sie mit kleinen Offline-Zeiten und steigern Sie diese schrittweise – der Gewinn an Lebensqualität wird es wert sein.

Langfristige Ziele definieren

Nach vier Wochen Digital Detox haben Sie gelernt, bewusster mit digitalen Geräten umzugehen, Pausen einzubauen und Offline-Zeiten zu genießen. Der Schlüssel zum Erfolg liegt jetzt darin, diese Veränderungen nachhaltig in Ihren Alltag zu integrieren. In diesem Abschnitt geht es darum, einen **persönlichen Plan** zu erstellen, der sicherstellt, dass Digital Detox langfristig ein fester Bestandteil Ihres Lebens bleibt.

Warum langfristige Ziele wichtig sind

1. Neue Gewohnheiten festigen

Ohne klare Ziele können alte Verhaltensmuster – wie das ständige Checken des Smartphones – schnell wieder die Oberhand gewinnen. Ein persönlicher Plan hilft, die positiven Effekte des Digital Detox dauerhaft zu erhalten.

2. Balance zwischen digital und analog finden

Die digitale Welt wird weiterhin ein Teil Ihres Lebens sein, doch langfristige Ziele ermöglichen es, die richtige Balance zwischen digitaler Nutzung und offline Erholung zu finden.

3. Stressprävention und Lebensqualität steigern

Ein bewusster Umgang mit Technologie schützt vor digitaler Überlastung, stärkt Ihre mentale Gesundheit und fördert langfristig Ihre Lebensqualität.

Schritte zur Definition Ihrer langfristigen Digital Detox-Ziele

1. Reflektieren Sie Ihre Erfahrungen

Beginnen Sie mit einer Bestandsaufnahme: Was haben Sie in den letzten vier Wochen gelernt, und welche Veränderungen haben Sie bemerkt?

Fragen zur Reflexion:

- Welche Digital Detox-Maßnahmen haben Ihnen am meisten geholfen? (z. B. handyfreie Zonen, feste Offline-Zeiten, 20-20-20-Regel)
- Welche Herausforderungen sind aufgetreten, und wie haben Sie sie gemeistert?
- Was hat sich in Bezug auf Stress, Konzentration und Ihre Beziehungen verändert?

Beispiel:

- **Erfolgreich:** „Meine bildschirmfreien Abende haben meine Schlafqualität verbessert."
- **Herausfordernd:** „Es fiel mir schwer, E-Mails nicht während meiner freien Zeit zu checken."

2. Setzen Sie klare, realistische Ziele

Definieren Sie spezifische Ziele, die zu Ihrem Lebensstil passen und die Sie langfristig motivieren.

Beispiele für langfristige Digital Detox-Ziele:

- **Persönlich:**
    - „Ich werde weiterhin einen Abend pro Woche komplett offline verbringen."
    - „Ich schalte mein Handy jeden Abend ab 20:00 Uhr aus."
- **Beruflich:**
    - „Ich beantworte berufliche E-Mails nur noch zu festen Zeiten."
    - „Ich werde pro Arbeitstag zwei Stunden fokussierte, bildschirmfreie Zeit für tiefes Arbeiten einplanen."

- **Sozial:**
  - „Ich werde bei gemeinsamen Mahlzeiten keine digitalen Geräte mehr nutzen."
  - „Ich plane regelmäßige Offline-Wochenenden mit meiner Familie."

Tipp: Halten Sie Ihre Ziele schriftlich fest, z. B. in einem Notizbuch oder als visuellen Plan an einer Pinnwand.

3. Erstellen Sie einen individuellen Digital Detox-Plan

Ihr Plan sollte konkrete Schritte enthalten, die zu Ihren Zielen führen, sowie eine Struktur, die Ihnen hilft, den Überblick zu behalten.

Beispiel für einen langfristigen Digital Detox-Plan:

Tägliche Routinen:

- 20:00 Uhr: Handy aus und analoge Abendgestaltung (Lesen, Tagebuch, Meditation).
- Alle 20 Minuten während der Arbeit: 20-20-20-Regel anwenden.

Wöchentliche Routinen:

- Mittwoch: Offline-Abend mit Familie oder Freunden.
- Sonntagvormittag: Spaziergang oder Hobby ohne digitale Geräte.

Monatliche Routinen:

- Ein Wochenende pro Monat offline verbringen.
- Reflexion über die digitale Nutzung: Welche Gewohnheiten funktionieren gut? Was könnte verbessert werden?

4. Entwickeln Sie Strategien für schwierige Situationen

Manchmal wird es herausfordernd, Ihre Ziele einzuhalten – sei es durch berufliche Anforderungen, soziale Erwartungen oder Gewohnheiten. Entwickeln Sie Strategien, um in solchen Momenten konsequent zu bleiben.

Beispiele für schwierige Situationen und Lösungen:

- **Problem:** „Ich greife aus Langeweile zum Smartphone."
    - **Lösung:** Legen Sie eine Liste mit alternativen Aktivitäten an, z. B. Lesen, Sport, Kochen.
- **Problem:** „Ich fühle mich unter Druck, E-Mails nach Feierabend zu beantworten."
    - **Lösung:** Kommunizieren Sie klar Ihre Erreichbarkeiten und nutzen Sie eine Autoantwort, die Ihre Feierabendzeiten signalisiert.
- **Problem:** „Ich lasse mich durch Social Media ablenken."
    - **Lösung:** Verwenden Sie Zeitlimits oder Apps wie **StayFree**, um Ihre Nutzung zu kontrollieren.

5. Regelmäßig reflektieren und anpassen

Langfristige Ziele und Pläne sollten flexibel sein. Reflektieren Sie regelmäßig, wie gut Sie Ihre Ziele erreichen, und passen Sie Ihren Plan bei Bedarf an.

Fragen für die regelmäßige Reflexion:

- Habe ich meine Offline-Zeiten eingehalten?
- Welche positiven Veränderungen habe ich bemerkt?
- Gibt es Bereiche, in denen ich Schwierigkeiten hatte?
- Welche neuen Maßnahmen möchte ich ausprobieren?

Beispiel:
Einmal im Monat notieren Sie, welche Digital Detox-Gewohnheiten gut funktioniert haben und wo Sie neue Strategien ausprobieren möchten.

Ein persönliches Beispiel: Sarahs langfristiger Digital Detox-Plan

Sarah, 39, hat nach vier Wochen Digital Detox beschlossen, ihren neuen Umgang mit digitalen Geräten dauerhaft in ihren Alltag zu integrieren:

- **Tägliche Gewohnheiten:**
    - Kein Handy im Schlafzimmer, abends analoge Rituale wie Lesen.
    - Während der Arbeit alle 90 Minuten eine kurze Pause mit der 20-20-20-Regel.

- **Wöchentliche Routinen:**
    - Ein Mittwochabend pro Woche ohne Bildschirm, den sie mit kreativen Projekten verbringt.
    - Am Wochenende legt sie ihr Smartphone am Samstagvormittag bewusst weg und widmet sich ihrem Garten.

- **Langfristige Ziele:**
    - Sie plant, regelmäßig Offline-Wochenenden zu organisieren, um tiefer abzuschalten.
    - Ihr berufliches Ziel ist es, nur noch zweimal am Tag berufliche E-Mails zu checken.

Ergebnis:
Sarah berichtet, dass sie sich durch diese Maßnahmen weniger gestresst fühlt und mehr Zeit für Dinge hat, die ihr wirklich wichtig sind.

Fazit: Digital Detox als Teil deines Lebens

Ein langfristiger Digital Detox-Plan ist der Schlüssel, um die positiven Effekte der letzten Wochen zu bewahren. Durch klare Ziele, individuelle Strategien und regelmäßige Reflexion wird es Ihnen gelingen, digitale Balance dauerhaft in Ihren Alltag zu integrieren.

Vorlage: Individueller Digital Detox-Plan

Mit diesem Plan können Sie Ihre persönlichen Ziele und Routinen definieren, um Digital Detox nachhaltig in Ihr Leben zu integrieren. Er ist flexibel anpassbar und hilft Ihnen, bewusster mit digitalen Geräten umzugehen.

1. Meine Ziele: Was möchte ich erreichen?

- **Ziel 1:** Ich möchte meine Bildschirmzeit reduzieren, um mehr Zeit für Hobbys und Familie zu haben.

- **Ziel 2:** Ich möchte mich besser konzentrieren und die Ablenkung durch Benachrichtigungen vermeiden.

- **Ziel 3:** Ich möchte meinen Schlaf verbessern, indem ich abends keine digitalen Geräte mehr nutze.

2. Meine täglichen Routinen

- **Handy abschalten:** Jeden Abend schalte ich mein Handy eine Stunde vor dem Schlafengehen aus, um meinen Geist zu entspannen und besser zu schlafen.

- **20-20-20-Regel:** Während der Arbeit schaue ich alle 20 Minuten für 20 Sekunden auf einen Punkt in 6 Metern Entfernung, um meine Augen zu entlasten.

- **Keine E-Mails nach Feierabend:** Nach 18:00 Uhr beantworte ich keine beruflichen Nachrichten mehr, um Arbeit und Freizeit klar zu trennen.

- **Entspannungsritual:** Jeden Morgen nehme ich mir 15 Minuten für eine bewusste Aktivität wie Meditation oder Tagebuchschreiben, um fokussiert in den Tag zu starten.

3. Meine wöchentlichen Routinen

- **Offline-Abend:** Einmal pro Woche, beispielsweise am Mittwoch, verbringe ich den Abend komplett offline.

Ich widme mich kreativen Projekten, lese ein Buch oder verbringe Zeit mit der Familie.

- **Bildschirmfreie Zeit am Wochenende:** Jeden Sonntagvormittag gehe ich bewusst offline und mache einen Spaziergang, widme mich meinem Garten oder genieße ein Hobby.

- **Reflexion:** Jeden Freitagabend nehme ich mir 10 Minuten Zeit, um meine digitale Nutzung der Woche zu reflektieren. Ich überlege, was gut funktioniert hat und wo ich mich verbessern kann.

4. Meine monatlichen Routinen

- **Offline-Wochenende:** Einmal im Monat nehme ich mir ein ganzes Wochenende ohne digitale Geräte, um mich intensiver zu erholen und den Fokus auf analoge Aktivitäten zu legen.

- **Planung des nächsten Monats:** Am letzten Sonntag des Monats plane ich meinen kommenden Monat. Ich überprüfe, welche Digital Detox-Gewohnheiten gut funktioniert haben, und passe meinen Plan an.

- **Digital Detox-Tag:** Ein Tag pro Monat ist reserviert für eine vollständige Auszeit von digitalen Geräten. Ich nutze die Zeit für Hobbys, Entspannung oder Ausflüge in die Natur.

5. Strategien für schwierige Situationen

- **Langeweile:** Wenn ich aus Langeweile zum Handy greifen möchte, halte ich eine Liste mit Alternativen bereit, z. B. Lesen, Kochen, Sport oder kreative Hobbys.

- **Berufliche E-Mails:** Um dem Druck, nach Feierabend E-Mails zu beantworten, zu widerstehen, stelle ich eine automatische Abwesenheitsnachricht ein, die meine Arbeitszeiten klar kommuniziert.

- **Ablenkung durch Social Media:** Ich setze Zeitlimits für Social Media oder deinstalliere die Apps vorübergehend, wenn ich merke, dass sie mich zu sehr ablenken.

6. Reflexion: Was hat funktioniert?

Einmal pro Woche oder Monat nehme ich mir Zeit, um meine Fortschritte zu reflektieren:

- **Was hat gut funktioniert?** Zum Beispiel: „Die bildschirmfreien Abende haben meine Schlafqualität deutlich verbessert."

- **Welche Herausforderungen gab es?** Zum Beispiel: „Ich hatte Schwierigkeiten, das Handy während der Mittagspause beiseitezulegen."

- **Welche positiven Veränderungen habe ich bemerkt?** Zum Beispiel: „Ich fühle mich entspannter und habe mehr Zeit für mein Hobby gefunden."

- **Welche neuen Maßnahmen möchte ich ausprobieren?** Zum Beispiel: „Ich möchte mehr offline Zeit mit meiner Familie verbringen."

7. Mein Digital Detox-Erfolg: Positive Veränderungen

- „Ich habe meine Bildschirmzeit um zwei Stunden pro Tag reduziert."

- „Ich fühle mich nach Offline-Wochenenden erfrischt und kreativer."

- „Meine Konzentration bei der Arbeit hat sich verbessert, da ich weniger abgelenkt bin."

- „Meine Beziehungen zu Familie und Freunden sind intensiver geworden, da ich bei gemeinsamen Aktivitäten präsenter bin."

4: Langfristige Umsetzung – Digitale Gewohnheiten verändern

Warum Rückfälle normal sind

Veränderungen sind ein Prozess – und der Weg zu einem bewussteren Umgang mit digitalen Geräten ist keine Ausnahme. Rückfälle in alte Gewohnheiten gehören zu diesem Prozess und sind ein natürlicher Bestandteil jeder langfristigen Veränderung. Wichtig ist, Rückfälle nicht als Scheitern zu betrachten, sondern als Chance, daraus zu lernen und gestärkt weiterzumachen.

Warum kommen Rückfälle vor?

1. Gewohnheiten sind tief verwurzelt

Digitale Gewohnheiten – wie das reflexartige Greifen zum Smartphone – sind oft unbewusste Automatismen, die über Jahre hinweg entwickelt wurden. Unser Gehirn bevorzugt bekannte Muster, da diese weniger Energie erfordern. Deshalb ist es ganz normal, dass wir in stressigen oder langweiligen Momenten auf vertraute Verhaltensweisen zurückfallen.

2. Die digitale Welt ist allgegenwärtig

Digitale Geräte und Plattformen sind so gestaltet, dass sie unsere Aufmerksamkeit fesseln. Push-Benachrichtigungen, endlose Feeds und ständig neue Inhalte machen es schwer, sich dauerhaft davon zu lösen.

3. Emotionale Auslöser

Viele digitale Gewohnheiten sind eng mit Emotionen verknüpft. Beispielsweise greifen wir zum Smartphone, um uns bei Langeweile, Stress oder Unsicherheit abzulenken. In schwierigen Phasen können diese emotionalen Auslöser dazu führen, dass wir wieder zu alten Mustern zurückkehren.

4. Unrealistische Erwartungen

Manchmal setzen wir uns Ziele, die zu ehrgeizig sind, und fühlen uns entmutigt, wenn wir sie nicht sofort erreichen. Rückfälle können auftreten, wenn wir uns überfordern oder zu schnell zu viel verändern wollen.

Rückfälle als Teil des Lernprozesses

1. Rückfälle sind keine Niederlage

Ein Rückfall bedeutet nicht, dass Sie gescheitert sind. Er zeigt lediglich, dass der Veränderungsprozess Zeit braucht. Jeder Rückfall ist eine Gelegenheit, Ihre Auslöser zu erkennen und Ihre Strategien anzupassen.

2. Die „2-Schritte-vorwärts-1-Schritt-zurück"-Regel

Veränderung ist selten linear. Es ist normal, zwischendurch ins alte Verhalten zurückzufallen, solange Sie insgesamt Fortschritte machen. Wichtig ist, nach einem Rückfall nicht aufzugeben, sondern weiterhin an Ihren Zielen zu arbeiten.

3. Erkenntnisse aus Rückfällen gewinnen

Rückfälle geben wertvolle Hinweise darauf, was in Ihrem Plan noch verbessert werden kann. Fragen Sie sich:

- Was hat mich dazu gebracht, meine digitalen Gewohnheiten wieder aufzunehmen?
- Welche Umstände, Emotionen oder Situationen waren Auslöser?
- Welche Strategien könnten mir in ähnlichen Momenten helfen?

Strategien, um mit Rückfällen umzugehen

1. Akzeptieren Sie den Rückfall

Anstatt sich Vorwürfe zu machen, akzeptieren Sie den Rückfall als Teil des Prozesses. Sagen Sie sich: „Das ist normal. Ich habe schon Fortschritte gemacht und werde weitermachen."

2. Analysieren Sie die Situation

Reflektieren Sie, was den Rückfall ausgelöst hat.

- War es Langeweile, Stress oder eine schwierige Phase?
- Gab es bestimmte Auslöser, wie eine E-Mail-Benachrichtigung oder die Verlockung sozialer Medien?

Durch diese Analyse können Sie ähnliche Situationen in Zukunft besser bewältigen.

3. Passen Sie Ihren Plan an

Wenn bestimmte Strategien nicht funktionieren, probieren Sie neue Ansätze aus:

- Legen Sie zusätzliche Offline-Zeiten fest.
- Reduzieren Sie Ihre Ziele für eine Weile, um weniger Druck zu verspüren.
- Nutzen Sie Tools wie Bildschirmzeit-Apps, um Ihre Gewohnheiten zu überwachen.

4. Feiern Sie Ihre Erfolge

Konzentrieren Sie sich auf die Fortschritte, die Sie bereits gemacht haben, anstatt sich auf den Rückfall zu fixieren. Denken Sie daran, wie viel bewusster Sie bereits mit digitalen Geräten umgehen.

5. Holen Sie sich Unterstützung

Sprechen Sie mit Freund:innen, Familie oder Kolleg:innen über Ihre Ziele. Sie können Sie motivieren, dranzubleiben, und Ihnen helfen, Rückfälle zu überwinden.

Ein Beispiel aus der Praxis

Lisas Rückfall und ihr Umgang damit

Lisa, 35, hatte sich vorgenommen, ihre Social-Media-Nutzung auf 30 Minuten pro Tag zu begrenzen. Nach den ersten zwei

Wochen fiel es ihr leicht, diese Grenze einzuhalten. Doch an einem stressigen Arbeitstag griff sie während der Pausen ständig zu ihrem Smartphone und verbrachte über zwei Stunden auf Instagram.

Zunächst fühlte sie sich enttäuscht und dachte, dass sie ihre Ziele nicht erreichen würde. Doch anstatt aufzugeben, reflektierte sie:

- **Erkenntnis:** Sie griff zu ihrem Handy, weil sie gestresst war und Ablenkung suchte.
- **Lösung:** Sie beschloss, in solchen Momenten lieber eine kurze Atemübung zu machen oder einen Spaziergang zu unternehmen. Außerdem aktivierte sie in der Instagram-App ein Zeitlimit von 30 Minuten, um sich an ihre Ziele zu erinnern.

Nach diesem Rückfall fühlte sich Lisa motivierter, da sie verstand, warum es passiert war, und eine neue Strategie entwickeln konnte.

Wie Sie langfristig motiviert bleiben

1. Klein anfangen

Statt alle digitalen Gewohnheiten auf einmal zu ändern, konzentrieren Sie sich auf einen Bereich nach dem anderen. Kleine, realistische Ziele sind einfacher umzusetzen und reduzieren die Wahrscheinlichkeit von Rückfällen.

2. Routinen festlegen

Schaffen Sie feste Rituale, wie einen wöchentlichen Offline-Abend oder regelmäßige Pausen mit der 20-20-20-Regel. Diese Routinen erleichtern es, langfristig am Ball zu bleiben.

3. Fortschritte dokumentieren

Halten Sie schriftlich fest, welche Erfolge Sie erreicht haben. Das kann Sie motivieren und Ihnen zeigen, dass sich Ihre Bemühungen lohnen.

4. Flexibel bleiben

Manche Strategien funktionieren besser als andere. Seien Sie bereit, Ihren Plan anzupassen, wenn Sie merken, dass etwas nicht zu Ihrem Alltag passt.

5. Belohnungen einbauen

Setzen Sie sich kleine Belohnungen, wenn Sie Ihre Ziele erreichen, z. B. ein entspanntes Offline-Wochenende oder die Zeit für ein Hobby, das Ihnen Freude macht.

Fazit: Rückfälle gehören dazu

Rückfälle sind ein natürlicher Teil des Prozesses, digitale Gewohnheiten langfristig zu verändern. Sie sind keine Niederlage, sondern eine Gelegenheit, Ihre Strategien zu überprüfen und zu verbessern. Mit der richtigen Einstellung und passenden Maßnahmen können Sie Schritt für Schritt einen bewussteren Umgang mit digitalen Geräten entwickeln – und nachhaltig von einem ausgeglicheneren Leben profitieren.

Tipps zur Verankerung neuer Gewohnheiten

Das Etablieren neuer Gewohnheiten ist ein langfristiger Prozess, der Engagement und Motivation erfordert. Um den bewussten Umgang mit digitalen Geräten nachhaltig in Ihren Alltag zu integrieren, gibt es einige Strategien, die Ihnen helfen können. In diesem Abschnitt geht es darum, wie Sie mithilfe von **Gamification** und der Unterstützung von Familie, Freund:innen oder Kolleg:innen Ihre neuen Gewohnheiten erfolgreich verankern.

1. Gamification: Belohnungssysteme für dich selbst einrichten

Was ist Gamification? Gamification bedeutet, alltägliche Aufgaben mit spielerischen Elementen zu verbinden, um sie motivierender und greifbarer zu machen. Durch das Setzen von Zielen, Belohnungen und kleinen Herausforderungen können Sie neue Gewohnheiten auf spielerische Weise festigen.

Wie Gamification bei Digital Detox hilft

1. **Ziele setzen und visualisieren**
   - Definieren Sie klare, messbare Ziele für Ihren Digital Detox, z. B.:
     - „Ich möchte meine Bildschirmzeit auf 2 Stunden pro Tag reduzieren."
     - „Ich möchte jeden Sonntag 3 Stunden offline verbringen."
   - Visualisieren Sie Ihren Fortschritt mit einer Checkliste, einem Kalender oder einer App wie **Habitica** (Gamification für Gewohnheiten).

2. **Belohnungen einbauen**

- Belohnen Sie sich für jeden kleinen Erfolg, z. B.:

  - Ein neues Buch, wenn Sie eine Woche lang jeden Abend offline gegangen sind.

  - Ein Ausflug oder ein Kinobesuch, wenn Sie einen Monat lang Ihre Ziele eingehalten haben.

- Wichtig: Die Belohnungen sollten offline und mit etwas Positivem verbunden sein, um die Wirkung zu verstärken.

3. **Punktesystem erstellen**

   - Erstellen Sie ein einfaches Punktesystem, bei dem Sie Punkte sammeln, wenn Sie Ihre Gewohnheiten einhalten. Zum Beispiel:

     - 10 Punkte für einen Offline-Abend.
     - 20 Punkte für ein offline verbrachtes Wochenende.
     - 5 Punkte für die Einhaltung der 20-20-20-Regel an einem Tag.

   - Tauschen Sie die Punkte gegen Belohnungen ein, z. B. einen entspannenden Wellnesstag oder ein neues Hobby.

4. **Schaffen Sie spielerische Herausforderungen**

   - Geben Sie sich selbst kleine „Missionen" wie:

     - „Eine Woche lang keine Social-Media-Nutzung vor dem Frühstück."
     - „An einem Tag keine beruflichen Nachrichten nach Feierabend."

- Wenn Sie diese Herausforderungen erfolgreich meistern, feiern Sie den Erfolg und bauen Sie neue Aufgaben ein.

Beispiel:

Max wollte seine Bildschirmzeit reduzieren. Er erstellte ein Punktesystem: Für jeden bildschirmfreien Abend sammelte er 10 Punkte. Nach 100 Punkten belohnte er sich mit einem Ausflug in die Berge. Das Punktesammeln motivierte ihn, konsequent an seiner neuen Gewohnheit zu arbeiten.

2. Unterstützung von Kolleg:innen und Familie einholen

Ein bewusstes Digital Detox ist leichter umzusetzen, wenn Sie Ihre Familie, Freund:innen oder Kolleg:innen einbeziehen. Sie können Sie motivieren, unterstützen und dabei helfen, Rückfälle zu vermeiden.

Wie Sie Unterstützung einholen können

1. **Ihre Ziele kommunizieren**

   - Erzählen Sie Ihrer Familie, Ihren Freund:innen oder Kolleg:innen von Ihrem Digital Detox und Ihren Zielen. Erklären Sie, warum Sie sich dafür entschieden haben, und bitten Sie sie um Verständnis und Unterstützung.

   - Beispiel: „Ich möchte abends keine beruflichen E-Mails mehr checken, um mehr Zeit mit meiner Familie zu verbringen. Kannst du mich daran erinnern, falls ich doch mein Handy zur Hand nehme?"

2. **Gemeinsame Offline-Zeiten vereinbaren**

   - Legen Sie gemeinsam mit Ihrer Familie oder Ihrem Team offline Zeiten fest, z. B.:

- Ein offline Abend pro Woche mit der Familie.
- Handyfreie Meetings mit Kolleg:innen.
- Ein gemeinsamer Spaziergang ohne Smartphones.

3. **Motivierende Partner:innen finden**
   - Suchen Sie sich eine Person, die ebenfalls an einem bewussten Umgang mit digitalen Geräten interessiert ist. Unterstützen Sie sich gegenseitig und tauschen Sie regelmäßig Erfahrungen aus.

4. **Ein unterstützendes Umfeld schaffen**
   - Bitten Sie Ihre Familie oder Kolleg:innen, ebenfalls auf digitale Geräte zu verzichten, wenn Sie offline sein möchten. Handyfreie Zonen oder Rituale wie ein digitalfreies Abendessen sind effektive Maßnahmen.

5. **Rückhalt bei Rückfällen**
   - Informieren Sie Ihr Umfeld, dass Rückfälle normal sind, und bitten Sie sie, Sie dabei zu unterstützen, motiviert zu bleiben.
   - Beispiel: „Wenn ich mal wieder zu lange auf meinem Handy bin, könntest du mich daran erinnern, eine Pause einzulegen?"

Beispiel:
Lisa und ihr Mann beschlossen, jeden Freitagabend offline zu verbringen. Sie kochten gemeinsam, spielten Gesellschaftsspiele und tauschten sich über ihre Woche aus. Beide merkten, dass sie sich durch diese Abende näherkamen und bewusster miteinander umgingen.

Tipps zur praktischen Umsetzung

- **Starten Sie klein:** Beginnen Sie mit einfachen Belohnungen oder einer wöchentlichen Challenge, um die Motivation hochzuhalten.

- **Visualisieren Sie Ihren Fortschritt:** Eine einfache Tabelle oder ein Kalender kann helfen, Ihre Erfolge sichtbar zu machen.

- **Machen Sie es zu einem gemeinsamen Erlebnis:** Offline-Zeiten mit anderen Menschen stärken nicht nur Ihre Gewohnheiten, sondern auch Ihre Beziehungen.

- **Seien Sie geduldig:** Es braucht Zeit, um neue Gewohnheiten zu etablieren. Feiern Sie jeden kleinen Fortschritt.

Langfristige Vorteile von Gamification und Unterstützung

1. **Höhere Motivation:** Spielerische Elemente machen die Veränderung Ihrer digitalen Gewohnheiten angenehmer und spannender.

2. **Stärkere Beziehungen:** Gemeinsame offline Zeiten fördern die Bindung zu Familie, Freund:innen und Kolleg:innen.

3. **Nachhaltigkeit:** Belohnungssysteme und soziale Unterstützung helfen, neue Gewohnheiten langfristig zu verankern.

Fazit: Spaß und Gemeinschaft für nachhaltige Veränderung

Gamification und die Unterstützung von Familie und Kolleg:innen sind kraftvolle Werkzeuge, um Digital Detox erfolgreich in Ihren Alltag zu integrieren. Sie fördern die Motivation, machen den Prozess angenehmer und stärken gleichzeitig Ihre Beziehungen. Probieren Sie spielerische Elemente aus und beziehen Sie Ihr Umfeld mit ein – so wird der bewusste Umgang mit digitalen Geräten zu einer festen, positiven Gewohnheit.

Digitale Tools sinnvoll nutzen

Wie Technologie helfen kann, digitale Abhängigkeit zu überwinden

Die digitale Welt kann einerseits Ablenkung und Abhängigkeit fördern, andererseits aber auch wertvolle Hilfsmittel bieten, um bewusster mit der eigenen Zeit umzugehen. Mit den richtigen digitalen Tools können Sie Ihre Bildschirmzeit reduzieren, Ihre Produktivität steigern und sich gezielt auf das Wesentliche konzentrieren. Hier erfahren Sie, wie Sie Technologien bewusst einsetzen, um Ihre digitalen Gewohnheiten zu verbessern.

Warum digitale Tools sinnvoll sein können

1. Bewusstsein schaffen

Viele Menschen unterschätzen, wie viel Zeit sie tatsächlich vor Bildschirmen verbringen. Digitale Tools können Ihre Nutzung sichtbar machen und so ein besseres Bewusstsein für Ihre Gewohnheiten schaffen.

2. Ablenkungen kontrollieren

Technologie kann helfen, ablenkende Apps oder Websites zu blockieren, sodass Sie sich auf Ihre Prioritäten konzentrieren können.

3. Routinen etablieren

Apps und digitale Timer unterstützen dabei, Pausen einzuhalten, Arbeitsintervalle zu planen und Offline-Zeiten zu etablieren.

4. Motivation fördern

Spielerische Elemente (Gamification) und klare Ziele in Apps können die Motivation steigern, neue Gewohnheiten umzusetzen und am Ball zu bleiben.

Empfehlenswerte Tools und Apps für Digital Detox

1. Apps zur Kontrolle der Bildschirmzeit

Screen Time (iOS) / Digitales Wohlbefinden (Android):

- **Funktion:** Diese integrierten Funktionen auf Smartphones messen Ihre Bildschirmzeit, zeigen die meistgenutzten Apps und ermöglichen das Festlegen von Zeitlimits.
- **Vorteile:** Einfach zu nutzen, keine zusätzliche Installation erforderlich.
- **Ziel:** Bewusstsein schaffen und Zeitlimits für ablenkende Apps setzen.

StayFree:

- **Funktion:** Zeigt detaillierte Berichte über Ihre App-Nutzung und hilft Ihnen, Limits festzulegen.
- **Vorteile:** Bietet Warnungen, wenn Sie Ihr geplantes Zeitlimit überschreiten.
- **Ziel:** Unproduktive App-Nutzung reduzieren.

2. Apps zur Reduktion von Ablenkungen

Freedom:

- **Funktion:** Blockiert ablenkende Websites und Apps auf allen Ihren Geräten (Smartphone, Tablet, Computer).
- **Vorteile:** Sie können personalisierte Blocklisten erstellen und Fokuszeiten planen.
- **Ziel:** Mehr Konzentration bei der Arbeit und weniger Ablenkung durch Social Media oder Nachrichten.

Cold Turkey:

- **Funktion:** Blockiert ablenkende Websites und Apps auf Computern für festgelegte Zeiträume.
- **Vorteile:** Besonders konsequent – einmal aktivierte Blockierungen können nicht umgangen werden.

- **Ziel:** Tiefes Arbeiten ohne digitale Unterbrechungen ermöglichen.

3. Apps zur Förderung des Fokus

Forest:

- **Funktion:** Hilft, Ihr Handy beiseitezulegen, indem Sie während der Fokuszeit einen virtuellen Baum pflanzen. Bleiben Sie konzentriert, wächst der Baum. Unterbrechen Sie die Zeit, „stirbt" der Baum.
- **Vorteile:** Spielerischer Ansatz, der motiviert. Sie können sogar echte Bäume pflanzen lassen, wenn Sie viele Fokuszeiten absolvieren.
- **Ziel:** Den Fokus steigern und Handy-Nutzung reduzieren.

Focus@Will:

- **Funktion:** Bietet speziell kuratierte Musik, die nach wissenschaftlichen Erkenntnissen entwickelt wurde, um die Konzentration zu fördern.
- **Vorteile:** Ideal für Menschen, die mit Musik besser arbeiten können.
- **Ziel:** Eine produktive Arbeitsumgebung schaffen.

4. Apps für Zeitmanagement und Pausen

Toggl Track:

- **Funktion:** Zeit-Tracking-Tool, mit dem Sie Ihre Aufgaben und Arbeitszeit messen können.
- **Vorteile:** Einfaches Interface, ideal für die Analyse, wie Sie Ihre Zeit nutzen.
- **Ziel:** Effizienteres Zeitmanagement und Priorisierung.

Stretchly:

- **Funktion:** Ein Pausen-Timer, der regelmäßig kleine und große Pausen vorschlägt.
- **Vorteile:** Hilft, die 20-20-20-Regel oder andere Pausenroutinen einzuhalten.
- **Ziel:** Gesundheit und Produktivität durch regelmäßige Pausen fördern.

Focus Booster:

- **Funktion:** Unterstützt die Anwendung der Pomodoro-Technik, bei der Sie in Intervallen arbeiten und gezielt Pausen machen.
- **Vorteile:** Strukturierte Arbeitsweise mit klaren Zeitfenstern für Fokus und Erholung.
- **Ziel:** Struktur und Balance während der Arbeit schaffen.

5. Apps für Gamification und Motivation

Habitica:

- **Funktion:** Verwandelt Ihre Ziele und Gewohnheiten in ein Rollenspiel. Erfüllen Sie Ihre Aufgaben, sammeln Sie Punkte und schalten Sie Belohnungen frei.
- **Vorteile:** Spielerische Motivation, die Spaß macht.
- **Ziel:** Regelmäßige Offline-Zeiten und andere Gewohnheiten mit Freude umsetzen.

Pact:

- **Funktion:** Fördert die Einhaltung von Zielen, indem Sie eine „Verpflichtung" eingehen. Werden die Ziele erreicht, erhalten Sie Belohnungen – andernfalls müssen Sie zahlen.

- **Vorteile:** Finanzielle Anreize als Motivation.
- **Ziel:** Offline-Zeiten konsequent einhalten.

Wie Sie digitale Tools effektiv nutzen

1. **Bewusst auswählen:**
   - Entscheiden Sie, welche Herausforderungen Sie angehen möchten, z. B. Ablenkungen, Bildschirmzeit oder Fokusverlust. Wählen Sie Tools, die genau auf Ihre Bedürfnisse zugeschnitten sind.

2. **Ziele definieren:**
   - Setzen Sie sich klare, realistische Ziele, z. B.:
     - „Ich möchte meine Social-Media-Nutzung auf 30 Minuten pro Tag begrenzen."
     - „Ich möchte jeden Arbeitstag 4 Stunden fokussiert ohne Ablenkungen arbeiten."

3. **Schrittweise einführen:**
   - Beginnen Sie mit einem oder zwei Tools, anstatt zu viele gleichzeitig zu verwenden. Testen Sie, welche Apps für Sie am besten funktionieren, und passen Sie Ihren Ansatz an.

4. **Fortschritte regelmäßig überprüfen:**
   - Nutzen Sie Tracking-Apps wie StayFree oder Toggl, um Ihre Erfolge zu messen und Ihre Ziele anzupassen.

5. **Belohnungen einbauen:**
   - Verknüpfen Sie den Einsatz von Tools mit positiven Verstärkungen, z. B. einer Belohnung

für jede Woche, in der Sie Ihre Zeitlimits eingehalten haben.

Ein Beispiel: Laura und ihr Digital Detox mit Apps

Laura, 33, wollte ihre Bildschirmzeit reduzieren, da sie sich oft abgelenkt fühlte. Sie nutzte die folgenden Tools:

- **Screen Time:** Um ihre tägliche Smartphone-Nutzung zu analysieren und Zeitlimits für Social-Media-Apps einzurichten.
- **Forest:** Um während der Arbeit fokussiert zu bleiben und ihr Handy beiseitezulegen.
- **Stretchly:** Um alle 20 Minuten an Pausen zu denken und dabei kurze Dehnübungen zu machen.

Nach einem Monat berichtete Laura, dass sie 2 Stunden weniger pro Tag am Handy war und sich produktiver fühlte. Sie schätzte besonders die Kombination aus bewusster Bildschirmzeit-Kontrolle und motivierenden Pausen.

Fazit: Technologie bewusst nutzen

Digitale Tools können nicht nur ablenken, sondern auch helfen, digitale Abhängigkeit zu überwinden und einen bewussteren Umgang mit Technologie zu entwickeln. Durch die richtige Auswahl und Anwendung dieser Tools können Sie produktiver arbeiten, Ablenkungen minimieren und Ihre Ziele nachhaltig erreichen.

5: Zusammenfassung und praktische Tipps

Die wichtigsten Learnings auf einen Blick

Dieses Kapitel fasst die zentralen Ideen und Strategien des Buches kompakt zusammen, damit Sie die Kernelemente des Digital Detox jederzeit griffbereit haben. Es dient als praktischer Leitfaden für alle, die bewusster mit digitalen Geräten umgehen und eine nachhaltige Balance zwischen On- und Offline-Leben finden möchten.

Die wichtigsten Learnings aus dem Buch

1. Digitale Überforderung erkennen

- **Die Herausforderung:** Ständige Erreichbarkeit, hohe Bildschirmzeiten und die Reizüberflutung durch digitale Medien führen zu Stress, Schlafproblemen und Konzentrationsverlust.

- **Erkenntnis:** Ein bewusster Umgang mit digitalen Geräten ist entscheidend, um langfristig Produktivität und Balance zu wahren.

2. Die Vorteile eines Digital Detox

- **Fokus und Produktivität:** Weniger Ablenkung durch digitale Geräte steigert Ihre Konzentration und verbessert die Qualität Ihrer Arbeit.

- **Work-Life-Balance:** Offline-Zeiten fördern Erholung und schaffen mehr Raum für Familie, Hobbys und persönliche Interessen.

- **Mentale und körperliche Gesundheit:** Digital Detox reduziert Stress, verbessert den Schlaf und schont die Augen durch geringere Bildschirmzeiten.

3. Der 30-Tage-Plan: Schritt-für-Schritt zur Veränderung

- **Woche 1: Bewusstsein schaffen:** Beobachten Sie Ihre digitalen Gewohnheiten und identifizieren Sie „Stressauslöser". Nutzen Sie Tools wie Bildschirmzeit-Tracker, um ein klares Bild Ihrer Nutzung zu erhalten.

- **Woche 2: Digitale Grenzen setzen:** Etablieren Sie handyfreie Zonen (z. B. Schlafzimmer, Esstisch) und legen Sie feste Offline-Zeiten fest, um Arbeit und Freizeit zu trennen.

- **Woche 3: Fokus und Produktivität steigern:** Arbeiten Sie mit Methoden wie der Pomodoro-Technik und reduzieren Sie Ablenkungen durch Apps wie Forest oder Freedom.

- **Woche 4: Nachhaltige Gewohnheiten entwickeln:** Integrieren Sie regelmäßige Offline-Zeiten in Ihren Alltag, z. B. durch wöchentliche bildschirmfreie Abende oder Offline-Wochenenden.

4. Langfristige Umsetzung und Rückfälle

- **Rückfälle sind normal:** Alte Gewohnheiten sind tief verwurzelt. Rückfälle sollten Sie als Lernchancen betrachten, um Ihre Strategien zu verbessern.

- **Digitale Balance:** Mit Gamification (Belohnungssysteme) und sozialer Unterstützung können Sie Ihre neuen Gewohnheiten festigen.

5. Technologie bewusst nutzen

- **Die richtige Balance:** Technologie kann nicht nur ablenken, sondern auch helfen. Nutzen Sie Tools wie Screen Time, Freedom oder Toggl, um Ihre Zeit bewusst zu planen und Ablenkungen zu reduzieren.

- **Regelmäßige Reflexion:** Überprüfen Sie Ihre digitale Nutzung regelmäßig und passen Sie Ihre Strategien an Ihre Lebenssituation an.

Praktische Tipps für einen erfolgreichen Digital Detox

1. Starten Sie klein

- Beginnen Sie mit kleinen Veränderungen, z. B. einem handyfreien Abend pro Woche. Steigern Sie den Umfang Ihres Digital Detox schrittweise.

2. Setzen Sie klare Regeln

- Legen Sie feste Zeiten für die Nutzung digitaler Geräte fest, z. B. keine beruflichen E-Mails nach 18:00 Uhr oder Social Media nur 30 Minuten pro Tag.

3. Schaffen Sie Offline-Zeiten und -Zonen

- Schaffen Sie technikfreie Bereiche in Ihrem Zuhause, wie das Schlafzimmer oder den Esstisch. Planen Sie regelmäßige Offline-Zeiten, z. B. ein monatliches Offline-Wochenende.

4. Nutzen Sie Technologie sinnvoll

- Setzen Sie Apps gezielt ein, um Ihre digitalen Gewohnheiten zu steuern. Tools wie StayFree oder Forest helfen, Bildschirmzeiten zu kontrollieren und den Fokus zu stärken.

5. Reflexion als Routine

- Nehmen Sie sich jede Woche oder jeden Monat Zeit, um Ihre Fortschritte zu überprüfen:
  - Was funktioniert gut?
  - Wo gibt es Herausforderungen?
  - Welche neuen Maßnahmen könnten hilfreich sein?

6. Bleiben Sie geduldig

- Veränderungen brauchen Zeit. Rückfälle sind normal und ein Teil des Lernprozesses. Wichtig ist, immer wieder zu Ihren Zielen zurückzukehren.

7. Schaffen Sie Anreize

- Belohnen Sie sich für Erfolge, z. B. mit einem Ausflug, einem neuen Buch oder einer analogen Aktivität, die Ihnen Freude bereitet.

8. Holen Sie sich Unterstützung

- Teilen Sie Ihre Ziele mit Familie, Freund:innen oder Kolleg:innen. Gemeinsam offline zu gehen, macht den Prozess einfacher und motivierender.

Ein Beispiel für den Alltag: So sieht ein Digital Detox-Tag aus

1. **Morgenroutine ohne Smartphone:**
    - Beginnen Sie den Tag mit einer Tasse Tee oder Kaffee und schreiben Sie eine kurze To-Do-Liste auf Papier.

2. **Arbeitszeit mit Fokus:**
    - Arbeiten Sie in 25-Minuten-Intervallen (Pomodoro-Technik) und schalten Sie während dieser Zeit Benachrichtigungen aus.

3. **Mittagspause offline:**
    - Gehen Sie für einen kurzen Spaziergang oder genießen Sie Ihr Essen bewusst ohne digitale Ablenkung.

4. **Abendliche Offline-Zeit:**
    - Legen Sie Ihr Smartphone 1–2 Stunden vor dem Schlafengehen weg und nutzen Sie die Zeit für ein Hobby oder ein gutes Buch.

Motivationsbotschaft: Ihr Weg zu mehr Balance

Digital Detox ist kein Verzicht, sondern ein Gewinn an Lebensqualität. Es geht nicht darum, komplett offline zu leben, sondern die Kontrolle über Ihre Zeit zurückzugewinnen. Mit kleinen, aber konsequenten Schritten können Sie digitale Balance schaffen und gleichzeitig Raum für das schaffen, was Ihnen wirklich wichtig ist – sei es Ihre Familie, Ihre Hobbys oder Ihre mentale Gesundheit.

Fangen Sie heute an, die ersten Schritte zu gehen. Jede kleine Veränderung zählt und bringt Sie näher an ein bewussteres, ausgeglicheneres Leben. ☐

Dein persönlicher Erfolg: Was kommt als Nächstes?

Nachdem Sie die ersten Schritte Ihres Digital Detox gemeistert haben, ist es wichtig, die Motivation aufrechtzuerhalten und Ihre Erfolge langfristig zu sichern. Der bewusste Umgang mit digitalen Geräten ist keine kurzfristige Maßnahme, sondern eine lebenslange Praxis, die regelmäßig gepflegt werden sollte. In diesem Abschnitt geht es darum, wie Sie Ihre neuen Gewohnheiten fest verankern und langfristig von Ihrem Erfolg profitieren können.

1. Reflektieren und Erfolge feiern

Warum Reflexion wichtig ist

Regelmäßige Reflexion hilft Ihnen, Fortschritte zu erkennen und sich auf das Positive zu konzentrieren. Indem Sie Ihre Erfolge sichtbar machen, stärken Sie Ihre Motivation, weiterhin an Ihren Zielen zu arbeiten.

Wie Sie Ihre Erfolge reflektieren können

- **Schreiben Sie über Ihre Erfolge:** Führen Sie ein kleines Journal, in dem Sie notieren, was sich durch den Digital Detox verbessert hat (z. B. besserer Schlaf, mehr Zeit für Hobbys, weniger Stress).

- **Stellen Sie Fortschritte visuell dar:** Nutzen Sie ein Diagramm, einen Kalender oder eine App, um Ihre Erfolge – z. B. reduzierte Bildschirmzeit – sichtbar zu machen.

- **Feiern Sie Meilensteine:** Belohnen Sie sich, wenn Sie ein bestimmtes Ziel erreicht haben, z. B. ein monatliches Offline-Wochenende oder reduzierte Social-Media-Nutzung.

Fragen zur Reflexion:

- Wie hat sich Ihr Leben durch den Digital Detox verbessert?
- Welche neuen Freiheiten oder Möglichkeiten haben sich ergeben?
- Welche Herausforderungen haben Sie gemeistert?

Beispiel:
Anna, 34, hat festgestellt, dass sie durch ihre wöchentlichen Offline-Abende mehr Zeit für ihre Familie hat. Sie notiert regelmäßig in ihrem Journal, wie diese Abende ihre Beziehung zu ihren Kindern gestärkt haben, und feiert diesen Erfolg mit einem besonderen Familienausflug.

2. Neue Ziele setzen und weiter wachsen

Warum neue Ziele wichtig sind

Nach der Erreichung eines Ziels ist es leicht, in alte Muster zurückzufallen. Indem Sie sich neue Ziele setzen, bleiben Sie motiviert und entwickeln Ihre digitalen Gewohnheiten kontinuierlich weiter.

Wie Sie neue Ziele definieren können

- **Klein anfangen:** Konzentrieren Sie sich auf eine neue Gewohnheit, z. B. die Reduzierung der E-Mail-Zeit.
- **Langfristige Ziele formulieren:** Überlegen Sie, wie Ihr digitaler Alltag in einem Jahr aussehen soll. Möchten Sie Ihre Bildschirmzeit weiter reduzieren oder regelmäßig komplett offline gehen?
- **Praktisch bleiben:** Ihre neuen Ziele sollten realistisch und mit Ihrem Lebensstil vereinbar sein.

Beispiel:
Max, 40, hat seine Bildschirmzeit um 2 Stunden pro Tag reduziert. Sein nächstes Ziel ist es, jeden Sonntag als „Digital Detox-Tag" einzuführen, an dem er vollständig offline bleibt und Zeit mit seiner Familie verbringt.

3. Nachhaltige Routinen etablieren

Warum Routinen entscheidend sind

Gewohnheiten werden durch regelmäßige Wiederholung gefestigt. Indem Sie feste Routinen entwickeln, schaffen Sie eine Struktur, die Ihnen hilft, langfristig digital bewusst zu leben.

Beispiele für nachhaltige Routinen:

- **Tägliche Pausen:** Legen Sie Ihr Handy während der Mahlzeiten weg oder schalten Sie es abends eine Stunde vor dem Schlafengehen aus.
- **Wöchentliche Offline-Zeiten:** Planen Sie feste Offline-Abende oder digitale Detox-Tage.
- **Monatliche Reflexion:** Überprüfen Sie einmal im Monat Ihre Fortschritte und passen Sie Ihre Ziele an.

4. Gemeinschaft und Unterstützung nutzen

Warum ein unterstützendes Umfeld hilft

Gemeinsam an Zielen zu arbeiten, stärkt Ihre Motivation und bietet einen Raum für Austausch. Freunde, Familie oder Kolleg:innen können Sie inspirieren und daran erinnern, Ihre neuen Gewohnheiten beizubehalten.

Wie Sie Unterstützung finden können:

- **Teilen Sie Ihre Erfolge:** Erzählen Sie Familie oder Freund:innen, wie der Digital Detox Ihr Leben verbessert hat, und motivieren Sie sie, es ebenfalls auszuprobieren.
- **Schaffen Sie gemeinsame Offline-Zeiten:** Verbringen Sie regelmäßige Abende oder Wochenenden mit anderen offline, z. B. bei Wanderungen, Spieleabenden oder Kochabenden.

- **Treten Sie Communities bei:** Es gibt zahlreiche Online-Gruppen, die sich mit Minimalismus oder Digital Detox beschäftigen und Inspiration bieten.

Beispiel:

Lisa hat gemeinsam mit ihrer besten Freundin eine „Offline-Challenge" gestartet, bei der sie jeden Monat einen Tag lang komplett offline bleiben und stattdessen gemeinsam wandern gehen.

5. Mit Rückfällen umgehen und motiviert bleiben

Warum Rückfälle normal sind

Manchmal werden Sie in alte Muster zurückfallen – das ist völlig normal. Wichtig ist, diese Rückfälle nicht als Scheitern zu sehen, sondern als Teil des Prozesses.

Wie Sie motiviert bleiben können:

- **Konzentrieren Sie sich auf das Positive:** Denken Sie daran, wie viel Sie bereits erreicht haben.

- **Passen Sie Ihre Strategien an:** Finden Sie heraus, was den Rückfall ausgelöst hat, und überlegen Sie, wie Sie diese Auslöser künftig vermeiden können.

- **Kleine Belohnungen:** Belohnen Sie sich für jeden Schritt, den Sie wieder auf dem richtigen Weg machen.

6. Technologie bewusst nutzen

Warum bewusste Nutzung wichtig ist

Ein völliger Verzicht auf digitale Geräte ist weder realistisch noch notwendig. Es geht darum, Technologie als Werkzeug zu nutzen, statt von ihr kontrolliert zu werden.

Wie Sie Technologie sinnvoll einsetzen können:

- Nutzen Sie Apps wie **Freedom** oder **StayFree**, um Ablenkungen zu reduzieren.

- Planen Sie Ihre Zeit mit Tools wie **Toggl Track** oder analogen Kalendern.
- Überwachen Sie Ihre Fortschritte mit Bildschirmzeit-Trackern und belohnen Sie sich für Verbesserungen.

Beispiel:
Max nutzt die App „Forest", um sich während der Arbeit auf seine Aufgaben zu konzentrieren. Dadurch legt er das Smartphone bewusst weg und hat gleichzeitig Freude daran, virtuelle (und echte) Bäume wachsen zu sehen.

Was kommt als Nächstes? Ihr persönlicher Fahrplan

1. **Reflektieren Sie Ihre Erfolge:** Halten Sie schriftlich fest, was sich durch den Digital Detox verbessert hat.
2. **Definieren Sie neue Ziele:** Überlegen Sie, welche neuen Gewohnheiten Sie entwickeln möchten.
3. **Pflegen Sie Ihre Routinen:** Bauen Sie Offline-Zeiten und bewusste Pausen in Ihren Alltag ein.
4. **Bleiben Sie flexibel:** Seien Sie bereit, Ihren Plan anzupassen, wenn sich Ihre Lebensumstände ändern.
5. **Teilen Sie Ihre Reise:** Inspirieren Sie andere, indem Sie Ihre Erfahrungen und Tipps weitergeben.

Motivationsbotschaft: Der Anfang einer bewussten Zukunft

Ihr Erfolg im Digital Detox ist ein erster Schritt zu mehr Balance, Fokus und Lebensqualität. Indem Sie Ihre digitalen Gewohnheiten langfristig anpassen, schaffen Sie Raum für das, was wirklich zählt. Denken Sie daran: Es geht nicht darum, perfekt zu sein, sondern bewusst zu leben. Jeder kleine Schritt zählt – und Ihre Reise hat gerade erst begonnen. □

www.ingramcontent.com/pod-product-compliance
Lightning Source LLC
Chambersburg PA
CBHW031425210526
45464CB00005B/2054